PPT多媒体
课件制作 从新手到高手

宋翔 编著

清华大学出版社
北京

内容简介

本书详细介绍了使用 PowerPoint 设计和制作幻灯片与教学课件的方法和技巧，以及在实际中的应用。本书包含大量案例，案例文件包括原始文件和结果文件，既便于读者上机练习，又可以在练习后进行效果对比，使读者快速掌握 PowerPoint 的操作方法和技巧。

本书共 11 章和 1 个附录，主要包括多媒体课件的基本概念和制作流程、课件素材的获取方法、PowerPoint 的界面结构和常用设置、演示文稿和幻灯片的基本操作、添加和设置文字与图片、创建和设置表格与图表、创建和设置图示、插入和设置音频与视频、插入 Flash 动画、添加和设置幻灯片切换动画与对象动画、设置超链接和动作、设计触发器、创建和设置线条与形状、使用主题、色彩基础知识、设置幻灯片页面格式、版式和母版的操作方法、设计版式、创建和使用模板、放映和发布课件等，最后一章以"直线与圆的位置关系"数学课件为例，介绍为该课件设计的不同类型页面，以及每一种页面的多种设计方案。

本书赠送案例的原始文件和结果文件、多媒体视频教程以及教学课件。

本书适合所有想要学习使用 PowerPoint 设计和制作幻灯片和教学课件的用户阅读，也可作为各类院校和培训班的 PowerPoint 教材。

本书封面贴有清华大学出版社防伪标签，无标签者不得销售。
版权所有，侵权必究。举报：010-62782989，beiqinquan@tup.tsinghua.edu.cn。

图书在版编目（CIP）数据

PPT多媒体课件制作从新手到高手 / 宋翔编著. —北京：清华大学出版社，2022.10
（从新手到高手）
ISBN 978-7-302-61701-3

Ⅰ.①P… Ⅱ.①宋… Ⅲ.①多媒体课件－制作－图形软件 Ⅳ.①G434

中国版本图书馆CIP数据核字（2022）第155849号

责任编辑：张　敏
封面设计：郭二鹏
责任校对：胡伟民
责任印制：杨　艳

出版发行：清华大学出版社
网　　址：http://www.tup.com.cn，http://www.wqbook.com
地　　址：北京清华大学学研大厦A座　　邮　编：100084
社 总 机：010-83470000　　邮　购：010-62786544
投稿与读者服务：010-62776969，c-service@tup.tsinghua.edu.cn
质 量 反 馈：010-62772015，zhiliang@tup.tsinghua.edu.cn
课 件 下 载：http://www.tup.com.cn，010-83470236
印 装 者：小森印刷（北京）有限公司
经　　销：全国新华书店
开　　本：170mm×240mm　　印　张：13.5　　字　数：350千字
版　　次：2022年12月第1版　　印　次：2022年12月第1次印刷
定　　价：89.00元

产品编号：089995-01

前言

编写本书的目的是为了帮助读者快速掌握在 PowerPoint 中设计和制作教学课件的方法和技巧,顺利完成实际工作中的任务,解决实际应用中的问题。本书主要有以下几个特点。

(1)本书包含大量案例,读者可以边学边练,快速掌握 PowerPoint 的功能及其操作方法。案例文件包括操作前的原始文件和操作后的结果文件,既便于读者上机练习,又可以在练习后进行效果对比。

(2)本书第 11 章以一个数学课件为例,详细介绍了为该课件设计的不同类型页面,以及每一种页面的多种设计方案,将所学理论知识与实践相结合,快速提升实战水平。

(3)本书在每个操作的关键点上使用框线进行醒目标注,读者可以快速找到操作的关键点,节省阅读时间,提高学习效率。

(4)本书有案例文件和视频教程的内容都会醒目注明,便于读者快速找到相关文件和视频教程。

本书内容以 PowerPoint 2019 为主要操作环境,但是内容本身同样适用于 PowerPoint 2019 之前的 PowerPoint 版本,因为 PowerPoint 2007/2010/2013/2016 中的任意一个版本,其界面环境与 PowerPoint 2019 差别很小。不同 PowerPoint 版本对教学课件设计和制作方面的影响很小,无论使用哪个 PowerPoint 版本,都可以顺利学习本书内容。

本书共有 11 章和 1 个附录,各章的具体情况见下表。

章及附录名	简 介
第 1 章 多媒体课件的基本概念和制作流程	介绍多媒体课件的一些基本概念,并从全局的角度介绍制作多媒体课件的基本流程,还介绍获取课件素材的方法
第 2 章 熟悉 PowerPoint 操作环境	介绍 PowerPoint 的界面结构、演示文稿和幻灯片的基本操作,以及 PowerPoint 的一些常用设置
第 3 章 在课件中添加文字和图片	介绍在课件中添加文字和图片,并为它们设置格式的方法
第 4 章 在课件中添加表格、图表和图示	介绍在课件中创建与设置表格、图表和图示的方法
第 5 章 在课件中使用音频和视频	介绍在课件中插入和设置音频、视频、Flash 动画的方法
第 6 章 在课件中添加动画效果	介绍在课件中添加和设置动画的方法
第 7 章 在课件中使用交互功能	介绍使用超链接、动作、触发器 3 种功能为课件设计交互功能的方法
第 8 章 使用线条和形状增强课件的显示效果	介绍线条和形状的创建和设置方法,以及它们在课件中的常见应用
第 9 章 使用母版和模板提高课件的制作效率	介绍可以提高课件设计质量和效率的工具,包括版式、母版和模板,在此之前先介绍主题和幻灯片页面格式的设置方法

续表

章及附录名	简　介
第10章　放映和发布课件	介绍放映和发布课件的方法
第11章　PowerPoint在多媒体课件中的实际应用	通过"直线与圆的位置关系"数学课件，介绍为该课件设计不同类型的页面，以及每一种页面的多种设计方案
附录　PowerPoint快捷键	列出PowerPoint常用命令对应的键盘快捷键

本书适合以下读者阅读：
- 使用PowerPoint制作教学课件的教师。
- 希望提高课件设计和制作水平的用户。
- 希望掌握PowerPoint功能和操作的用户。
- 需要使用PowerPoint制作演示文稿的办公人员。
- PowerPoint爱好者。
- 在校学生和社会求职者。

本书附赠以下资源：
- 本书案例文件，包括原始文件和结果文件。
- 本书案例的多媒体视频教程。
- 本书教学课件。

读者可以扫描下方二维码下载本书的配套资源。

案例文件

视频教程

教学课件

作者
2022年7月

目录

第 1 章 多媒体课件的基本概念和制作流程

1.1 多媒体课件简介 002
- 1.1.1 多媒体课件的定义和作用 002
- 1.1.2 多媒体课件的类型 002
- 1.1.3 多媒体课件的组成结构 003

1.2 制作多媒体课件的基本流程 004
- 1.2.1 确定课件的主题和类型 004
- 1.2.2 编写课件脚本 004
- 1.2.3 收集课件素材 006
- 1.2.4 制作课件的各个页面 006
- 1.2.5 检查和测试课件 007

1.3 获取课件素材 007
- 1.3.1 获取字体 007
- 1.3.2 获取图片、图示和图标 008
- 1.3.3 获取音频、视频和动画 010

第 2 章 熟悉 PowerPoint 操作环境

2.1 PowerPoint 界面结构 012
- 2.1.1 快速访问工具栏 012
- 2.1.2 功能区 012
- 2.1.3 文件按钮 013
- 2.1.4 幻灯片编辑区和导航窗格 014
- 2.1.5 状态栏 014
- 2.1.6 视图 015
- 2.1.7 自定义设置快速访问工具栏和功能区 015

2.2 演示文稿和幻灯片的基本操作 018
- 2.2.1 新建演示文稿 018

2.2.2 打开演示文稿 020
2.2.3 保存演示文稿 021
2.2.4 关闭演示文稿 022
2.2.5 恢复未保存的演示文稿 022
2.2.6 选择幻灯片 023
2.2.7 添加和删除幻灯片 024
2.2.8 移动和复制幻灯片 025
2.2.9 更改幻灯片的版式 026

2.3 PowerPoint 常用设置 026
2.3.1 设置演示文稿的默认文件格式和存储位置 026
2.3.2 设置保存自动恢复文件的时间间隔和位置 027
2.3.3 设置打开演示文稿时的默认视图 028

第3章 在课件中添加文字和图片

3.1 在课件中输入和编辑文本 030
　　3.1.1 在占位符中输入文本 030
　　3.1.2 在大纲视图中输入文本 031
　　3.1.3 在文本框中输入文本 032
　　3.1.4 在艺术字中输入文本 032
　　3.1.5 设置文本级别 033
　　3.1.6 移动和复制文本 034
　　3.1.7 查找和替换文本 034

3.2 设置文本的字符格式和段落格式 035
　　3.2.1 设置字符格式 036
　　3.2.2 设置段落的对齐方式 037
　　3.2.3 设置段落的缩进方式 038
　　3.2.4 设置段落的行间距和段间距 039
　　3.2.5 设置项目符号和编号 040
　　3.2.6 设置制表位 042
　　3.2.7 设置分栏 044
　　3.2.8 设置文字方向 044

3.3 在课件中使用图片 045

3.3.1 PowerPoint 支持的图片类型 045
3.3.2 在幻灯片中插入图片 045
3.3.3 使用"相册"功能在多张幻灯片中插入图片 047
3.3.4 设置图片尺寸 049
3.3.5 旋转图片 050
3.3.6 裁剪图片 051
3.3.7 去除图片背景 052
3.3.8 调整图片的亮度和对比度 053
3.3.9 为图片调色 053
3.3.10 为图片添加艺术效果 054
3.3.11 压缩图片体积 056
3.3.12 使用参考线精确定位图片 056

第 4 章 在课件中添加表格、图表和图示

4.1 创建表格 059
4.1.1 创建新的表格 059
4.1.2 导入现有表格 060
4.1.3 在表格中输入数据 061

4.2 设置表格外观 061
4.2.1 调整表格尺寸 062
4.2.2 调整表格结构 062
4.2.3 设置表格的边框和底纹 063
4.2.4 设置数据在单元格中的位置 064

4.3 创建和美化图表 065
4.3.1 图表的组成 065
4.3.2 创建图表 066
4.3.3 更改图表类型 070
4.3.4 设置图表的布局和配色 071
4.3.5 设置图表元素的格式 073

4.4 使用图示 074
4.4.1 创建图示 075
4.4.2 在图示中添加文字 076

4.4.3 更改图示的布局 077
4.4.4 调整图示的结构 077
4.4.5 设置图示的外观效果 080
4.4.6 将图片转换为图示 081

在课件中使用音频和视频

5.1 在课件中使用音频 084
5.1.1 插入音频 084
5.1.2 删除音频中的无用部分 085
5.1.3 快速从指定位置开始播放音频 086
5.1.4 自动播放幻灯片中的音频 086
5.1.5 播放音频时隐藏喇叭图标 087
5.1.6 始终循环播放音频 087

5.2 在课件中使用视频 087
5.2.1 插入视频 088
5.2.2 删除视频中的无用部分 089
5.2.3 快速从指定位置开始播放视频 090
5.2.4 设置视频的预览画面 091
5.2.5 自动全屏播放视频 092
5.2.6 使用 Windows Media Player 播放视频 092

5.3 在课件中播放 Flash 动画 094

在课件中添加动画效果

6.1 设置幻灯片切换动画 097
6.1.1 使用预置的幻灯片切换动画 097
6.1.2 设置幻灯片的切换音效 098
6.1.3 设置幻灯片的切换速度 098
6.1.4 设置幻灯片的切换方式 099
6.1.5 为所有幻灯片设置相同的切换动画 099
6.1.6 删除幻灯片切换动画 099

6.2 为幻灯片中的对象设置动画 100
　　6.2.1 为对象设置一个动画 100
　　6.2.2 为对象设置多个动画 102
　　6.2.3 预览动画的播放效果 104
　　6.2.4 调整动画的播放顺序 105
　　6.2.5 自定义设置动画的播放方式 105
　　6.2.6 快速复制现有动画 108
　　6.2.7 删除对象上的动画 108

在课件中使用交互功能

7.1 使用超链接设计交互功能 111
　　7.1.1 跳转到当前课件中的特定幻灯片 111
　　7.1.2 跳转到其他课件中的幻灯片 113
　　7.1.3 单击网址自动在浏览器中打开网页 114
　　7.1.4 为超链接添加屏幕提示 114
　　7.1.5 修改和删除超链接 115

7.2 使用动作设计交互功能 115
　　7.2.1 跳转幻灯片 115
　　7.2.2 打开网页 117
　　7.2.3 打开文件 118
　　7.2.4 运行程序 118
　　7.2.5 为动作添加音效和视觉效果 118

7.3 使用触发器设计交互功能 119

使用线条和形状增强课件的显示效果

8.1 使用线条 122
　　8.1.1 创建线条 122
　　8.1.2 设置线条格式 123
　　8.1.3 使用线条标注重点 125

VII

8.1.4	使用线条引导阅读视线	126
8.1.5	使用线条划分阅读区域	126

8.2 使用形状 ... 127

8.2.1	创建形状	127
8.2.2	设置形状格式	128
8.2.3	使用纯色或渐变色填充形状	128
8.2.4	使用图片、纹理或图案填充形状	131
8.2.5	为形状创建特效	133
8.2.6	在形状中添加文字	134
8.2.7	通过合并形状创建新的形状	135
8.2.8	组合使用形状和线条增加趣味感	136
8.2.9	利用形状划分版面	136

使用母版和模板提高课件的制作效率

9.1 使用主题 ... 138

9.1.1	使用内置主题	138
9.1.2	创建新的主题	140
9.1.3	创建主题字体和主题颜色	140
9.1.4	色彩基础知识	143

9.2 设置幻灯片的页面格式 ... 146

9.2.1	设置幻灯片的页面尺寸和方向	147
9.2.2	设置幻灯片背景	147
9.2.3	设置幻灯片的页脚	150

9.3 使用版式和母版 ... 152

9.3.1	理解版式和母版	152
9.3.2	母版视图	153
9.3.3	添加与删除版式和母版	154
9.3.4	重命名版式和母版	155

	9.3.5	保留母版	156
	9.3.6	复制版式和母版	157
	9.3.7	设计版式	157

9.4 创建和使用模板 162

第10章 放映和发布课件

10.1 放映课件 166

	10.1.1	放映课件的一般方法	166
	10.1.2	自动按照指定的时长放映课件	167
	10.1.3	跳过不想放映的幻灯片	168
	10.1.4	为课件内容设置分组放映	169
	10.1.5	为内容添加标记和注释	171
	10.1.6	使用黑屏或白屏	172

10.2 发布课件 173

	10.2.1	打包课件	173
	10.2.2	将课件转换为放映格式	174
	10.2.3	将课件转换为视频	175
	10.2.4	将课件转换为图片形式的课件	177
	10.2.5	将课件中的每一页转换为图片文件	178

第11章 PowerPoint 在多媒体课件中的实际应用

11.1 制作课件的封面页 180

	11.1.1	制作纯文字式封面页	180
	11.1.2	制作图文混合式封面页	182
	11.1.3	在封面页中设计倒计时动画	184

11.2 制作课件的导航页 188

	11.2.1	制作文字目录式导航页	188
	11.2.2	制作图片目录式导航页	189
	11.2.3	制作弹出菜单式导航页	190

11.3　制作课件的内容页 192
  11.3.1　制作纯文字式内容页 192
  11.3.2　制作图文混合式内容页 193
  11.3.3　制作动画演示式内容页 194

11.4　制作课件的结束页 197
  11.4.1　制作静态文字式结束页 197
  11.4.2　制作滚动字幕式结束页 198

附录　PowerPoint 快捷键 200

第 1 章
多媒体课件的基本概念和制作流程

本章将介绍多媒体课件的一些基本概念,并从全局的角度介绍制作多媒体课件的基本流程。通过这些内容,读者可以快速对多媒体课件的相关概念有一个基本且系统的了解,为后续学习打下基础。本章还将介绍获取课件素材的方法,为制作出精美的课件做好充分的准备。如无特殊说明,本书中的"课件"一词均指使用 Microsoft PowerPoint 软件制作的课件。

1.1 多媒体课件简介

本节将对多媒体课件的基本概念进行简要介绍，包括多媒体课件的定义和作用、类型和组成结构。

1.1.1 多媒体课件的定义和作用

课件是一种根据教学目标和教学内容设计和制作出来的、用于辅助教学的计算机软件或文件，可以在计算机中浏览、编辑和放映，是教师提高教学质量的一种有效方式。衡量一个软件或文件是否是课件，主要是以其中是否包含具体学科的教学内容为衡量标准。

多媒体课件是指在课件中同时使用多种不同形式的媒体信息，利用计算机技术在课件中处理和展示这些媒体信息。常见的媒体类型包括文本、图形、图像、音频、视频、动画等，如图1-1所示。多媒体课件使课件内容的表现形式丰富多彩，不但可以激发学生的学习兴趣，还能达到良好的教学效果。

图 1-1　多媒体课件中的媒体类型

通过课件的定义，可以看出课件主要有以下几个作用。

- 辅助教学：课件的首要作用是辅助教师的教学。利用课件直观的视、听优势，教师可以将平时不容易讲清楚的内容，以更易理解的方式呈现出来。课件是辅助教师教学的有力工具，使教师从单调枯燥的全程口语讲解中解脱出来。
- 激发学习兴趣：课件可以包含多种类型的媒体信息，从而使课件的内容丰富多彩、生动活泼，充分激发学生的学习兴趣。
- 提高教学质量：通过课件的前两个作用不难看出，教师在授课时善用课件，不但可以显著提高教学效率，减轻教学负担，还可以激发学生的学习兴趣，增强学习效果，从很大程度上保证教学质量，使"教"与"学"达到完美的融合。

1.1.2 多媒体课件的类型

多媒体课件的类型可以按照课件的内容、组织结构、使用方式等进行划分。

根据课件内容所针对的学科类型，可以将课件划分为语文课件、数学课件、英语课件、物理课件、化学课件等。

根据课件内容的组织结构，可以将课件划分为直线型课件、分支型课件、复合型课件等。直线型课件的结构相对来说比较简单，整个课件的内容呈线性方式以自上而下的顺序进行设计和放映。分支型课件就像十字路口，可以根据教学内容和学生个体差异的不同，有选择性地放映不同的内容，使教学方式灵活多变，具有更强的适应性。复合型课件结合了直线型课件和分支型课件的结构特点，其内容整体呈直线型方式，但是在一些特定的节点上又提供了灵活的多分支选择。

根据课件的使用方式，可以将课件划分为教学型课件和自学型课件两类，还可以将两类课件细分为更多的子类型。例如，可以将教学型课件划分为演示型课件、实验型课件等，将自学型课件细分为阅读型课件、游戏型课件等。

 对课件类型的划分并没有严格统一的标准，只需简单了解，无须强制分类。

1.1.3 多媒体课件的组成结构

按照组成多媒体课件的页面类型进行划分，一个完整的多媒体课件由以下几种页面组成：封面页、导航页、内容页和结束页。

1．封面页

封面页是课件的第一页，其中包含课件的标题和制作者的姓名，如图 1-2 所示。好的封面设计能够引发学生的学习兴趣。

2．导航页

导航页是课件的第二页，也称为目录页，其中包含一些标题，它们与课件内容中的一些标题相对应，如图 1-3 所示。单击导航页中的标题或按钮，可以直接跳转到相应的页面，导航页的功能类似于网站的首页。

图 1-2　封面页

图 1-3　导航页

3．内容页

内容页是导航页和结束页之间的一个或多个页面，其中包含课件的主体内容，如图 1-4 所示。与其他 3 种页面不同，在内容页中通常包含多种类型的信息。例如，在一个内容页中包含文字和图片，在另一个内容页中包含文字、表格和图表，而其他内容页可能包含音频、视频和动画。每个内容页中的内容展示形式由课件内容决定，正所谓"内容决定形式，形式服务于内容"。

4．结束页

结束页是课件的最后一页，如图 1-5 所示。可以在结束页中显示制作者的名字，如果参与者较多，则可以滚动字幕的方式显示人名，以免在页面中堆积过多文字。

图 1-4　内容页

图 1-5　结束页

1.2 制作多媒体课件的基本流程

本节将介绍在 PowerPoint 中制作课件的基本流程，这些内容可以使读者对课件的制作过程有一个整体的了解。虽然本节内容并未涉及制作课件的具体操作，但是为了能够制作出结构良好且易于使用的课件，在开始制作课件之前有必要了解本节内容。

1.2.1 确定课件的主题和类型

开始制作课件前，首先应该确定课件的主题和类型，就像在写一篇文章之前，需要先确定文章的主题、中心思想和文体结构一样。

课件的主题就是课件的题目。课件题目的选择要以教材为蓝本，根据教学目的、教学中的重点和难点、学生的实际情况等因素制订教学目标。选择的课题应该能够充分发挥多媒体课件的优势，通过文字、图片、表格、音频、视频、动画等多种媒体类型生动地演示和说明教学内容，从而激发学生的学习兴趣，为传统教学提供有效的助力。

课件的类型决定课件内容的组织结构和呈现方式，以及课件的使用方式，正如在 1.1.2 小节中介绍的。

1.2.2 编写课件脚本

脚本是指拍摄影视剧、戏剧时依据的底本，用于说明故事的发展大纲。将脚本这种形式应用到 PowerPoint 课件中，主要是为了将课件的教学内容、教学策略进一步细化，将课件的整体信息、各个页面的出现顺序和方式，以及每个页面中的元素类型、布局位置、配色、行为方式等，以表格的形式记录下来，为课件的制作打下基础。

编写的课件脚本既可以比较简略，也可以很细化。脚本的内容越细化，在以后制作课件时越能提供更多的依据和指导。

编写课件脚本不是必须完成的工作，但是在制作课件之前先编写脚本，可以为课件的制作提供直接依据，确保在课件制作的整个过程中思路清晰、有条不紊，使课件的制作过程更加顺畅，既可以提高制作效率，又能避免出现疏漏。如果课件的设计者和制作者不是同一个人，脚本还有助于设计者和制作者进行沟通。

下面以"直线与圆的位置关系"数学课件为例，介绍课件脚本的编写方法。对于任何一种课件，都可以根据实际教学情况，在本案例的基础上继续扩展和完善。

假设"直线与圆的位置关系"课件共有 6 张幻灯片，首先创建一个总表，用于说明课件的整体信息，包括课件的题目、学科、教学目标、创作平台、设计者和制作者的姓名、幻灯片总数和各个幻灯片的页面类型等信息，如表 1-1 所示。

接下来根据课件中包含的幻灯片数量，创建相同数量的多个表格，每一个表格对应于一张幻灯片，表格中的内容用于说明幻灯片中包含的元素类型、布局位置、显示顺序、格式、配色、动画等信息。表 1-2～表 1-4 显示了封面页、导航页和第一个内容页的脚本。

表1-1　课件的整体信息

课件题目	直线与圆的位置关系	学科	数学
创作平台	PowerPoint 2019	幻灯片总数	6
设计者姓名	宋翔	制作者姓名	宋翔
教学目标	理解直线与圆的3种位置关系的定义和区别		

幻灯片编号	幻灯片页面类型
1	封面页
2	导航页
3	内容页
4	内容页
5	内容页
6	结束页

表1-2　封面页

幻灯片编号	1	页面类型	封面页
元素类型	位置	动画类型	显示顺序
主标题	居中	无	1
副标题	居中	无	1

表1-3　导航页

幻灯片编号	2	页面类型	导航页
元素类型	位置	动画类型	显示顺序
标题1	居中靠左	飞入	1
标题2	居中	飞入	2
标题3	居中靠右	飞入	3
图片1	标题上方	飞入	与标题1同时
图片2	标题上方	飞入	与标题2同时
图片3	标题上方	飞入	与标题3同时

表 1-4　第一个内容页的脚本

幻灯片编号	3	页面类型	内容页
元素类型	位置	动画类型	显示顺序
标题	顶部靠左	进入 - 百叶窗	1
正文内容	中部靠左	进入 - 百叶窗	2
圆形	正文下方	进入 - 轮子	3
直线	穿过圆的下半部分	进入 - 伸展	4
第一个交点	直线与圆的左侧交点	进入 - 出现	5
第一个交点	同上	强调 - 彩色脉冲	5
第二个交点	直线与圆的右侧交点	进入 - 出现	5
第二个交点	同上	强调 - 彩色脉冲	5

如需更加准确地说明元素在幻灯片中的位置，可以使用类似如图 1-6 所示的形式。

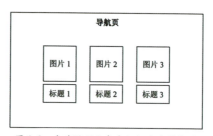

图 1-6　准确说明元素在幻灯片中的位置

1.2.3　收集课件素材

一个课件通常会包含文字、图片、图形、表格、动画、音频、视频等多种类型的内容。例如，制作语文课件时，需要使用特殊的字体；制作物理和化学课件时，需要特定的图片或图示；制作历史课件时，需要相关的视频。互联网是一个非常丰富的资源库，是获取课件素材的主要来源，从互联网上可以下载各种类型的资源。获取课件素材的方法将在 1.3 节进行介绍。

1.2.4　制作课件的各个页面

完成前面几个步骤之后，接下来就可以开始制作课件中包含的各个页面了。如果对课件的页面布局有统一要求，则可以在制作页面之前，先为各个页面设计版式，"版式"决定内容在幻灯片中的默认布局和格式，每次新建的幻灯片都是以 PowerPoint 中的默认版式为基准创建的。用户也可以根据实际需求，自己设计新的版式，从而符合特定的内容布局。

课件的各个页面就是 1.1.3 小节中介绍的几类页面，在这些页面中添加各种类型内容的方法和更多的设计方法，将在本书后续章节中进行介绍。

1.2.5 检查和测试课件

为了避免在正式放映时出现问题，在完成课件的制作之后，应该对课件进行全面检查和测试。对于不同类型的课件，所需检查的项目可能有所不同。然而，始终有一些项目适用于所有课件，下面列出的就是这些项目，需要仔细检查它们：

- 课件中是否有错别字。
- 课件中的内容的排版布局是否正确。
- 课件中的字体和配色是否合适。
- 课件中图片的大小是否合适，图片含义是否与文字相匹配。
- 课件中的超链接和动作中的目标对象是否正确。
- 课件中的动画的播放效果是否正确。
- 课件中的背景音乐是否按照预期要求正确播放。
- 课件中的视频是否可以正常播放。

完成上述检查后，需要放映课件以测试课件中的各项内容是否可以按照预期目标正确显示和播放。如果在放映中发现问题，则需要记录下来并进行修改。

1.3 获取课件素材

课件素材是在制作课件的过程中所需使用的各种原材料，包括字体、文字、图片、图示、图标、音频、视频、动画等一切可以直接使用，或需要加工处理后才能使用的内容。制作课件时，往往已经掌握了 PowerPoint 的大多数功能和技术，但是制作出的课件总是不够精美。导致这种情况的主要原因之一是手头没有好的素材。本节将从制作课件的源头开始，介绍获取课件素材的方法。

1.3.1 获取字体

好的字体不但可以使课件中的文字更美观，更重要的是可以使文字看起来更清晰。由于通常需要将课件投影到大屏幕上观看，因此，与美观相比，清晰显得更加重要。

决定文字清晰度的首要因素是文字的大小，文字越大，看起来越清晰。然而，在很多情况下，留给文字的空间可能很有限，如果只能将文字设置为特定的大小，那么此时就要考虑决定文字清晰度的另一个因素——文字笔画的粗细。

根据笔画粗细的分布情况，可以将字体分为两种：衬线字体（serif）和无衬线字体（sans serif）。衬线字体的笔画粗细不均匀，笔画之间存在粗细过渡的情况，放映时会导致某些较细的笔画不能清晰显示。无衬线字体的笔画粗细一致，放映时所有笔画都能清晰显示。如图 1-7 所示，"宋体"是一种衬线字体，"黑体"是一种无衬线字体。

"宋体"和"黑体"属于中文字体，常用的中文字体还有楷体、隶书、幼圆等。常用的英文字体有 Times New Roman、Arial、Courier、Impact 等。如图 1-8 所示，第一行英文是 Times New Roman 字体，是一种衬线字体；第二行英文是 Arial 字体，是一种无衬线字体。

宋体　　黑体

Times New Roman
Arial

图 1-7　衬线字体和无衬线字体　　　　　图 1-8　衬线字体和无衬线字体

上面列举的中、英文字体都是 Windows 操作系统内置的字体，在任何安装了 Windows 操作系统的计算机中都可以使用这些字体。当然，还可以使用 Windows 操作系统中没有的字体，例如方正系列、文鼎系列、汉仪系列等。在使用这些字体之前，需要先将它们安装到 Windows 操作系统中，有以下两种方法：

- 右击字体文件，在弹出的快捷菜单中选择"安装"命令，如图 1-9 所示。
- 将字体文件复制到 Windows 文件夹的 Fonts 子文件夹中。Windows 文件夹位于安装 Windows 操作系统的磁盘分区。

注意

商用字体都有版权限制，使用这些字体时需要支付版权费。

在互联网上有很多可以下载字体的网站，例如方正字库、文鼎字库、汉仪字库、找字网等，在搜索引擎中输入这些关键字，就可找到这些网站。图 1-10 所示为在"找字网"上查找字体的界面，可以按照字体的类型、笔画粗细、风格样式、厂商、授权方式等条件找到所需的字体。

图 1-9　选择"安装"命令　　　　　　　图 1-10　找字网

1.3.2　获取图片、图示和图标

与文字相比，图片以其生动的画面和丰富的色彩而更容易打动人，精美的图片可以为课件增色不少。计算机中的图片分为位图和矢量图两大类，位图色彩丰富、生动逼真，但是放大到一定程度时会变得模糊；矢量图的特点与位图相反，无论放大多少倍，矢量图都不会模糊，但是画面单调，不够生动逼真。

很多网站提供了大量优质的图片，例如 Pixabay、Pexels、Freeimages 等，这几个网站中的图片数量和质量俱佳，并且可以免费使用。图 1-11 所示为 Freeimages 网站的主页，在上方的搜索框中输入关键字，可找到与特定主题相关的一系列图片。

如需按照图片类型查找图片，可以单击页面顶部的 Collections，然后在打开的下拉列表中选择所需的类别，可显示所选类别中的图片，如图 1-12 所示。

图 1-11　Freeimages 网站　　　　　图 1-12　选择图片类别

> **注意**
> 与字体类似，很多图片也有版权，使用时需要支付版权费。

在图片资源网站搜索的图片仅来源于该网站，因此，获得的图片很有限，有时甚至无法找到所需的图片，此时可以使用搜索引擎在整个互联网中搜索图片，这样就能很容易找到符合要求的图片。

制作课件时，为了说明事物之间的关系，可以使用图示。在很多图资源网站可以找到风格类似如图 1-13 所示的图示，这类图示的优点是可以拿来就用；缺点是无法修改图示中的内容，不能对图示进行自定义设置，因为它们是图片的一部分。

获得图示的另一种途径是在 PowerPoint 中使用 SmartArt 功能进行制作。图 1-1 中的图示就是使用该功能制作的。使用 SmartArt 功能可以制作表示流程、循环、层次结构、矩阵等不同关系类型的图示。由于可以自由

图 1-13　图片中的图示

控制图示中的文字、形状和配色，因此，与前面介绍的图片中的图示相比，使用 SmartArt 功能制作的图示更加实用和灵活。

> **提示**
> 使用 SmartArt 功能制作图示的方法将在第 4 章进行介绍。

图标是一类专门的文件，其扩展名为 .ico。图标可以通过一个个较小的图形，诠释出不同的对象或特定含义。图标通常是正方形的，即宽度和高度相等。图 1-14 所示为 3 个图标，从左到右依次表示 DVD 光盘、禁止标志、打印机。

图 1-14　图标

在课件中使用的图标并非必须是 .ico 格式的图片，也可以是其他图片类型。可以在搜索引擎中输入关键词搜索所需的图标。例如，使用"天气 图标"作为关键字，可以找到与天气相关的图标，将图标保存为 .jpg 或 .png 格式的图片，然后插入到幻灯片中即可。如果图标包含背景，则需要去除背景，保存为 .png 格式可以省略去除背景操作。

> **提 示**
>
> 使用 PowerPoint 中的"删除背景"功能，可以快速去除图片的背景，具体方法请参考 3.3.7 小节。

除了直接在搜索引擎中搜索图标之外，还可以去专业设计图标的网站下载图标，例如阿里巴巴矢量图标库、Icons8、Human pictogram 等网站，在搜索引擎中输入这些名称，就可找到这些网站。

1.3.3　获取音频、视频和动画

放映课件时配合优美的背景音乐或辅以旁白解说，不但可以丰富课件的内容，使课件更有吸引力，也便于教师更好地教学。在很多音乐网站可以找到各种类型的音频内容，例如网易云音乐、虾米音乐、QQ 音乐等。

如果制作的是历史或地理课件，则可能需要在互联网上搜索与特定的历史事件、历史人物或地理概况相关的视频。如果制作的是其他学科的课件，则可以使用屏幕录制软件将屏幕操作录制下来，或者使用摄像机拍摄视频，例如物理或化学的实验过程。在互联网上有很多视频网站，例如优酷、爱奇艺、腾讯视频、bilibili 等，在前面介绍的图片资源网站 Pixabay 和 Pexels 中也可以找到一些视频。

如需获得 PowerPoint 动画，可以在搜索引擎中以"PPT 动画"或"PowerPoint 动画"作为关键词进行搜索，就可找到大量的 PowerPoint 动画。还可以在一些 PowerPoint 论坛浏览和下载很多高手制作的动画。可以先分析别人制作动画的设计思路和方法，然后进行模仿，最后自己创新，逐步从新手成长为高手。

第 2 章
熟悉 PowerPoint 操作环境

为了提高 PowerPoint 的操作效率，需要先熟悉 PowerPoint 的操作环境，并可以根据个人操作习惯对界面进行自定义设置。对于使用 PowerPoint 2003 的用户来说，更有必要了解高版本 PowerPoint 在程序界面方面的重要改进。本章将介绍使用 PowerPoint 制作课件之前需要掌握的一些内容，包括 PowerPoint 的界面结构、演示文稿和幻灯片的基本操作，以及 PowerPoint 的一些常用设置。

2.1 PowerPoint 界面结构

在开始制作课件之前，首先应该对 PowerPoint 的界面结构有所了解，以便可以更容易地在 PowerPoint 中执行各种操作。PowerPoint 界面主要由快速访问工具栏、功能区、文件按钮、状态栏、视图等部分组成。如果使用过 Microsoft Office 中的其他组件，例如 Word 或 Excel，则会很快适应 PowerPoint 的界面环境。

2.1.1 快速访问工具栏

在 PowerPoint 程序中打开一个演示文稿后，PowerPoint 程序窗口的顶部将显示该演示文稿的名称和 PowerPoint 程序的名称，该部分称为"标题栏"。快速访问工具栏默认位于标题栏的左侧，其中包含一些命令，它们以按钮的形式显示，单击这些按钮将执行相应的 PowerPoint 命令，如图 2-1 所示。

图 2-1　快速访问工具栏

在快速访问工具栏中默认只有"保存""撤销""恢复"和"从头开始"几个命令，用户可以向其中添加所需的命令，或从中删除不需要的命令。

2.1.2 功能区

功能区位于 PowerPoint 窗口标题栏的下方，它是一个横向贯穿整个 PowerPoint 窗口的矩形区域，如图 2-2 所示。在功能区中包含多个选项卡，每个选项卡的名称显示在选项卡的上方，例如"开始"选项卡、"插入"选项卡。单击选项卡的名称将激活相应的选项卡，使其中的命令显示在功能区中，然后可以执行其中的命令。

图 2-2　PowerPoint 界面中的功能区

在功能区的各个选项卡中包含很多 PowerPoint 命令，每个选项卡中的命令按照功能划分为多个组。例如，"幻灯片放映"选项卡中的命令分为"开始放映幻灯片""设置"和"监视器"3个组。

功能区中的命令有多种类型，有可以直接单击就能执行操作的"按钮"，例如"开始"选项卡中的"重置"按钮,如图 2-3 所示;也有可以从多个选项中选中其中之一的"下拉列表",例如"开始"选项卡中的"字体"下拉列表,如图 2-4 所示;还有可以同时勾选多个选项的"复选框",例如"视图"选项卡中的几个复选框,如图 2-5 所示。

在某些组的右下角有一个"对话框启动器" 按钮,如图 2-6 所示。单击该按钮将打开一个对话框,其中包含该按钮所在的组中的所有命令和选项,以及并未显示在组中的选项。例如,在"开始"选项卡中单击"字体"组右下角的 按钮,将打开"字体"对话框。

图 2-3　按钮　　　图 2-4　下拉列表　　　图 2-5　复选框　　　图 2-6　对话框启动器

2.1.3　文件按钮

"文件"按钮位于功能区中的"开始"选项卡的左侧,单击"文件"按钮将进入如图 2-7 所示的界面,其中包含与演示文稿操作相关的命令,例如"新建""打开""关闭"等。在该界面中还包含用于设置 PowerPoint 程序选项的"选项"命令,选择该命令将打开"PowerPoint 选项"对话框,第 2.3 节将介绍在该对话框中设置一些常用的 PowerPoint 选项。

图 2-7　单击"文件"按钮进入的界面中包含与演示文稿操作相关的命令

2.1.4 幻灯片编辑区和导航窗格

在 PowerPoint 中新建或打开一个演示文稿之后，将在窗口中默认显示一个白色矩形，它是幻灯片编辑区，如图 2-8 所示。创建和编辑演示文稿时需要在幻灯片编辑区中操作。在幻灯片编辑区中显示当前选中的一张幻灯片中的内容，如果当前选中了多张幻灯片，则只显示位于最后选中的一张幻灯片中的内容。

导航窗格位于幻灯片编辑区的左侧，其中以缩略图的形式显示当前演示文稿中的每一张幻灯片，如图 2-9 所示。使用导航窗格既可以快速选择多张幻灯片并进行批量操作，也可以快速选择要在幻灯片编辑区中显示的幻灯片，以便查看或编辑其中的内容。选择幻灯片的方法请参考 2.2.6 小节。

图 2-8　幻灯片编辑区

图 2-9　导航窗格

2.1.5 状态栏

状态栏位于 PowerPoint 窗口的底部，如图 2-10 所示。状态栏的左侧显示了与当前演示文稿相关的一些辅助信息，例如当前显示的是哪一页、一共包含多少张幻灯片；右侧提供了用于调整幻灯片显示比例和视图切换的控件，可以使用这些控件调整幻灯片的显示比例，或在不同的视图之间切换。

图 2-10　状态栏

用户可以选择要在状态栏中显示哪些内容，只需右击状态栏，在弹出的快捷菜单中进行选择，如图 2-11 所示。开头带有对钩标记的选项表示当前正显示在状态栏上。

图 2-11　选择要在状态栏中显示的内容

2.1.6 视图

视图是为完成特定任务提供的便捷操作环境，普通视图、大纲视图、幻灯片浏览视图是 PowerPoint 中比较常用的 3 种视图。图 2-12 所示为幻灯片浏览视图的外观。第 2.1.4 小节介绍的幻灯片编辑区和导航窗格是普通视图的组成部分。

图 2-12　幻灯片浏览视图

用户可以使用以下两种方法在不同视图之间切换：
- 单击状态栏右侧的视图按钮，如图 2-13 所示。
- 单击功能区的"视图"选项卡中的视图按钮，如图 2-14 所示。

图 2-13　状态栏中的视图按钮　　　　图 2-14　功能区中的视图按钮

2.1.7　自定义设置快速访问工具栏和功能区

用户可以将常用的命令添加到快速访问工具栏，以后单击快速访问工具栏中的按钮就可以执行这些命令，提高操作效率。

单击快速访问工具栏右侧的下拉按钮 ，弹出如图 2-15 所示的菜单，其中带有对钩标记的命令表示已被添加到快速访问工具栏。选择没有对钩标记的命令可将其添加到快速访问工具栏，选择有对钩标记的命令会将其从快速访问工具栏中删除。

如果要将功能区中的命令添加到快速访问工具栏，则可以右击功能区中的某个命令，在弹出的快捷菜单中选择"添加到快速访问工具栏"命令，如图 2-16 所示。

如果要添加的命令不在功能区中，则可以右击快速访问工具栏，在弹出的快捷菜单中选择"自定义快速访问工具栏"命令，打开"PowerPoint 选项"对话框的"快速访问工具栏"选项卡，在左侧的下拉列表中选择"不在功能区中的命令"，如图 2-17 所示。

图 2-15　在下拉菜单中选择要添加的命令　　图 2-16　将功能区中的命令添加到快速访问工具栏

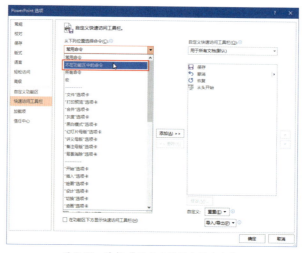

图 2-17　选择"不在功能区中的命令"

在左侧下方的列表框中将显示"不在功能区中的命令"类别中的命令，选择要添加的命令，然后单击"添加"按钮，将其添加到右侧的列表框中，如图 2-18 所示。位于右侧列表框中的命令将显示在快速访问工具栏中，单击"上移"按钮 或"下移"按钮 可以调整命令的排列顺序。

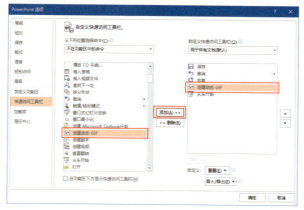

图 2-18　将所需命令添加到快速访问工具栏

使用以下两种方法可以删除快速访问工具栏中的命令：
- 在快速访问工具栏中右击要删除的命令，然后在弹出的快捷菜单中选择"从快速访问工具栏删除"命令。
- 打开"PowerPoint 选项"对话框的"快速访问工具栏"选项卡，在右侧的列表框中选择要删除的命令，然后单击"删除"按钮。

自定义设置功能区的方法与自定义快速访问工具栏类似，右击功能区，在弹出的快捷菜单中选择"自定义功能区"命令，打开"PowerPoint 选项"对话框的"自定义功能区"选项卡，在左侧的下拉列表中选择命令所在的位置，然后在下方的列表框中选择所需的命令，再在右侧的列表框中选择一个组，单击"添加"按钮，将所选命令添加到选中的组中。

自定义功能区时，使用"新建选项卡""新建组"和"重命名"3 个按钮，用户可以在 PowerPoint 默认的选项卡中创建新的组，并将所需命令添加到新建的组中，也可以完全创建新的选项卡，并修改选项卡、组和命令的名称，如图 2-19 所示。

图 2-19　自定义功能区

注意　只能将命令添加到用户新建的组中，而不能添加到 PowerPoint 默认的组中。

快速访问工具栏和功能区有两个显示方面的常用设置。快速访问工具栏默认位于功能区的上方，可以右击快速访问工具栏，在弹出的快捷菜单中选择"在功能区下方显示快速访问工具栏"命令，就可将快速访问工具栏移动到功能区的下方，如图 2-20 所示。

图 2-20　选择"在功能区下方显示快速访问工具栏"命令

另一个显示方面的设置是将功能区折叠起来，从而扩大工作区域的空间。双击功能区中的任意一个选项卡的名称，即可折叠功能区，此时只会显示各个选项卡的名称，而不会显示其中的命令，如图 2-21 所示。单击任意一个选项卡的名称，将临时显示选项卡中的命令，单击其他位置时，选项卡会再次折叠起来。

图 2-21　折叠功能区

2.2　演示文稿和幻灯片的基本操作

使用 PowerPoint 制作课件之前，首先需要熟练掌握演示文稿和幻灯片的基本操作，它们是在 PowerPoint 中执行其他操作的基础。"演示文稿"是 PowerPoint 文件的特定称呼。

2.2.1　新建演示文稿

启动 PowerPoint 时默认显示"开始屏幕"界面，如图 2-22 所示。界面的上方以缩略图的形式显示了几个 PowerPoint 内置模板，可以使用这些模板创建新的演示文稿；界面的下方列出了最近打开过的一些演示文稿的名称，以便用户可以快速打开这些演示文稿。

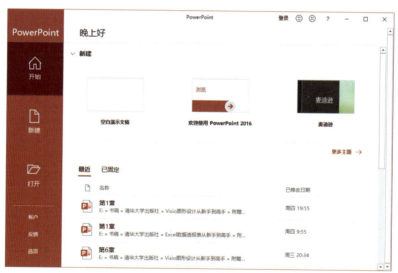

图 2-22　PowerPoint 的"开始屏幕"界面

如需创建新的演示文稿，可以在 PowerPoint 开始屏幕的左侧单击"新建"，进入如图 2-23 所示的界面，然后执行以下操作：

- 单击界面上方的"空白演示文稿"，将创建一个不包含任何内容的演示文稿。
- 界面下方显示了一些模板，使用这些模板可以快速创建出符合特定应用需求和外观的演示文稿。如需获得更多的模板，可以在文本框中输入关键词进行搜索。

图 2-23　新建演示文稿的界面

> **提　示**
>
> 除了使用 PowerPoint 内置模板之外，用户也可以使用自己创建或收集的模板创建演示文稿，这些模板显示在"个人"类别中。

无论使用 PowerPoint 内置模板还是用户自定义模板，只需单击要使用的模板缩略图，就可基于该模板创建新的演示文稿。图 2-24 所示为单击名为"未来展望"的模板后显示的界面，单击界面中的"创建"按钮，将基于该模板创建一个演示文稿。

图 2-24　使用内置模板创建演示文稿的界面

如果已经离开了 PowerPoint 开始屏幕，并进入 PowerPoint 演示文稿窗口，此时如需新建演示文稿，可以单击"文件"按钮后选择"新建"命令，然后在进入的界面中操作，该界面的外观与 PowerPoint 开始屏幕类似。

2.2.2 打开演示文稿

当需要查看或编辑存储在计算机中的演示文稿时,需要先在 PowerPoint 中将其打开。单击"文件"|"打开"命令,进入如图 2-25 所示的界面,该界面的左侧显示了"最近""OneDrive"和"这台电脑"等几个命令,右列显示的内容根据当前在左列选择的命令而变。由于左侧默认选择的是"最近",因此在右侧将显示最近打开过的演示文稿的名称。

图 2-25 打开演示文稿的界面

左侧的几个命令的功能如下。
- 最近:显示最近打开过的演示文稿的名称,选择一个名称即可打开相应的演示文稿。在右侧的列表中右击某个名称,弹出如图 2-26 所示的快捷菜单,选择"固定至列表"命令可将名称固定在列表中,该名称会始终显示在列表顶部,便于快速找到频繁使用的演示文稿。
- OneDrive:使用 Microsoft 账户登录 PowerPoint,然后可以在 PowerPoint 中打开存储在 OneDrive 中的演示文稿。
- 这台电脑:显示一个内嵌的类似于 Windows 文件资源管理器的导航工具,使用该工具可以在计算机中的不同文件夹之间跳转,以便从中选择要打开的演示文稿。
- 添加位置:添加云端位置。
- 浏览:选择"浏览"命令,打开"打开"对话框,从中选择要打开的演示文稿。如果无法正常打开演示文稿,则可以在"打开"对话框中选择要打开的演示文稿,然后单击"打开"按钮上的下拉按钮,在弹出的快捷菜单中选择"打开并修复"命令,以便在打开演示文稿时对其进行修复,如图 2-27 所示。

如果不想在打开演示文稿之前显示如图 2-25 所示的界面,则可以单击"文件"|"选项"命令,打开 Office 应用程序的选项对话框,在左侧选择"保存"选项卡,然后在右侧的"保存文档"区域中勾选"打开或保存文件时不显示 Backstage"复选框。该设置也适用于 2.2.3 小节介绍的保存和另存文档时的操作。

图 2-26 最近打开列表中的快捷菜单

图 2-27 打开时修复演示文稿

> **注意**
>
> 从 PowerPoint 2007 开始,微软为演示文稿创建了新的文件格式,其文件扩展名为 .pptx,这种文件默认无法在 PowerPoint 2003 中打开。使用 PowerPoint 2003 创建的演示文稿的文件扩展名为 .ppt,在 PowerPoint 2007 或更高版本的 PowerPoint 中打开这种文件时,会在标题栏中显示"兼容模式"文字,此时无法使用高版本 PowerPoint 中的所有新功能。如果想要转换演示文稿的文件格式,则可以使用 2.2.3 小节介绍的方法。

2.2.3 保存演示文稿

保存演示文稿有两层含义:对于新建的演示文稿来说,保存演示文稿会将其以文件的形式存储在计算机磁盘中,便于以后查看和编辑;对于已经存储在计算机中的演示文稿来说,保存演示文稿会将当前的编辑成果记录下来,以便在下次打开这个演示文稿时,可以继续之前未完成的编辑,而不会丢失上次编辑过的内容。

单击"文件"|"保存"命令或按 Ctrl+S 快捷键,保存当前演示文稿。如果该演示文稿从未被保存过,则会显示"另存为"对话框,如图 2-28 所示。用户需要为演示文稿选择保存位置和文件名,然后单击"保存"按钮,将演示文稿以指定的名称保存到用户选择的位置。

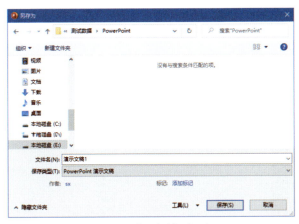

图 2-28 "另存为"对话框

如果在修改演示文稿的内容后,既想保存修改结果,又不想破坏原来的演示文稿,则

可以单击"文件"|"另存为"命令，进入的界面与打开演示文稿时的界面类似，选择保存位置后，将演示文稿以另一个名称保存，相当于为演示文稿创建了一个副本。

2.2.4 关闭演示文稿

当不再使用演示文稿时，可以将其关闭，以释放其占用的系统资源。单击"文件"|"关闭"命令，关闭当前演示文稿。如果在关闭演示文稿时存在未保存的内容，则将显示如图2-29所示的对话框，可以执行以下几种操作：

- 单击"保存"按钮，保存演示文稿后将其关闭。
- 单击"不保存"按钮，不保存演示文稿并将其关闭。
- 单击"取消"按钮，不保存也不关闭演示文稿。

图2-29　选择关闭演示文稿的方式

2.2.5 恢复未保存的演示文稿

PowerPoint允许用户恢复新建且未保存到计算机的演示文稿中的内容。例如，在PowerPoint中新建一个演示文稿，然后在其中输入一些内容，此时在不保存该演示文稿的情况下将其关闭，以后用户可以恢复该演示文稿中的内容，即使这个演示文稿并不存在。该功能仅在PowerPoint 2010及更高版本的PowerPoint中可用。

如需恢复未保存的演示文稿，可以单击"文件"|"打开"命令，在进入的界面中单击"恢复未保存的演示文稿"按钮，如图2-30所示。

图2-30　单击"恢复未保存的演示文稿"按钮

打开如图 2-31 所示的对话框，双击要恢复的演示文稿，将在 PowerPoint 中打开该演示文稿，其中的内容会自动恢复，然后可以将该演示文稿保存到计算机中，以便永久保存内容。

> **注意**
>
> 在关闭演示文稿时，如果提示信息中包含"将临时提供此文件的最新副本"文字，如图 2-32 所示，则说明以后可以恢复该演示文稿，否则无法进行恢复。如果无法使用未保存文件的恢复功能，则需要启用该功能，具体方法请参考 2.3.2 小节。

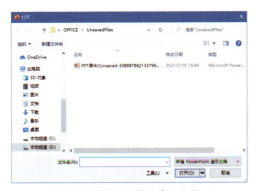

图 2-31　选择要恢复的演示文稿

图 2-32　通过关闭演示文稿时显示的提示信息判断能否进行恢复

可恢复的未保存的演示文稿位于以下路径，此处假设 Windows 操作系统安装在 C 盘。如果安装在其他磁盘分区，则需要替换路径中相应的分区盘符。<用户名>\ 表示当前登录 Windows 操作系统的用户名。

- Windows XP：C:\Documents and Settings\<用户名>\Local Settings\Application Data\Microsoft\OFFICE\UnsavedFiles。
- Windows 7/8/10：C:\Users\<用户名>\AppData\Local\Microsoft\OFFICE\UnsavedFiles。

2.2.6　选择幻灯片

PowerPoint 中的幻灯片类似于 Word 中的文档页面、Excel 中的工作表，使用 PowerPoint 制作的课件中的所有内容都位于幻灯片中。无论是在幻灯片中添加内容，还是移动、复制或删除幻灯片，都需要先选择幻灯片。

在 PowerPoint 普通视图中选择幻灯片需要在导航窗格中操作，有以下几种方法。

- 选择一张幻灯片：单击某个幻灯片缩略图，选中与其对应的幻灯片，并在幻灯片编辑区中显示该幻灯片中的内容。在导航窗格中处于选中状态的幻灯片缩略图的四周会加粗显示，如图 2-33 所示。
- 选择多张幻灯片：单击要选择的其中一张幻灯片缩略图，按住 Shift 键，然后单击要选择的另一张幻灯片缩略图，将选中这两张幻灯片以及位于它们之间的所有幻灯片。如果要选择的幻灯片位于不相邻的位置，则可以先按住 Ctrl 键，然后分别单击这些幻灯片缩略图，将它们选中。

- 选择所有幻灯片：单击任意一张幻灯片缩略图，然后按 Ctrl+A 快捷键；或者在功能区的"开始"选项卡中单击"选择"按钮，然后在弹出的快捷菜单中选择"全选"命令，如图 2-34 所示。

图 2-33　选中的幻灯片缩略图的四周将加粗显示　　　图 2-34　选择"全选"命令

如需取消多张幻灯片的选中状态，可以在导航窗格中单击任意一张幻灯片。

提示

如果未做特殊说明，本小节及本书后续内容中的操作都是在 PowerPoint 的普通视图中进行的。

2.2.7　添加和删除幻灯片

当在 PowerPoint 中新建一个空白演示文稿时，其中默认包含一张幻灯片，用户可以使用功能区或光标快捷菜单中的命令添加更多的幻灯片。

1. 使用功能区命令添加幻灯片

在功能区的"开始"选项卡中单击"新建幻灯片"按钮上的下拉按钮（黑色三角），在打开的列表中显示了不同版式的幻灯片，选择要使用的版式，创建该版式的幻灯片，如图 2-35 所示。

提示

版式是内容在幻灯片中的布局方式，它控制着内容在幻灯片中的类型、位置和格式，用户可以修改现有版式或创建新的版式。版式的更多内容将在第 9 章进行介绍。

选择一种版式后，将在当前演示文稿中自动添加一张幻灯片，其位于导航窗格中当前所选幻灯片的下方。如果在添加幻灯片之前，未在导航窗格中选中幻灯片，而是在两张幻灯片之间显示一条横线，则添加的幻灯片将位于横线处，可以将该横线称为"插入点"，如图 2-36 所示。

2. 使用光标快捷菜单命令添加幻灯片

在导航窗格中右击，然后在弹出的快捷菜单中选择"新建幻灯片"命令，如图 2-37 所示，添加一张幻灯片，其位置与使用功能区命令添加幻灯片时的情况相同。

图 2-35 选择幻灯片的版式

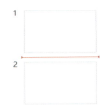
图 2-36 导航窗格中的插入点

图 2-37 选择"新建幻灯片"命令添加幻灯片

用户可以将不需要的幻灯片从演示文稿中删除，选择要删除的一张或多张幻灯片，然后按 Delete 键，或者右击选中的任意一张幻灯片，在弹出的快捷菜单中选择"删除幻灯片"命令或"剪切"命令。

2.2.8 移动和复制幻灯片

移动幻灯片可以调整各个幻灯片之间的排列顺序，它们的排列顺序决定浏览和放映时的顺序。复制幻灯片可以获得幻灯片的副本，对副本稍加修改，可以快速制作出与现有幻灯片的大部分内容相似但又存在少许区别的幻灯片，显著提高操作效率。

移动幻灯片有以下几种方法：
- 在导航窗格中单击要移动的幻灯片缩略图，按住鼠标左键并将幻灯片拖动到目标位置。
- 在导航窗格中右击要移动的幻灯片缩略图，然后在弹出的快捷菜单中选择"剪切"命令。右击目标位置，在弹出的快捷菜单中选择"粘贴选项"中的命令，如图 2-38 所示。
- 在导航窗格中单击要移动的幻灯片缩略图，按 Ctrl+X 快捷键将其剪切到剪贴板，然后单击目标位置并按 Ctrl+V 快捷键。

复制幻灯片的方法与移动幻灯片类似，有以下几种方法：
- 在导航窗格中单击要复制的幻灯片缩略图，按住鼠标左键并将幻灯片拖动到目标位置，拖动过程中需要按住 Ctrl 键。
- 在导航窗格中右击要移动的幻灯片缩略图，然后在弹出的快捷菜单中选择"复制"命令。右击目标位置，在弹出的快捷菜单中选择"粘贴选项"中的命令。

图 2-38 选择幻灯片的粘贴方式

- 在导航窗格中单击要移动的幻灯片缩略图，按 Ctrl+C 快捷键将其复制到剪贴板，然后单击目标位置并按 Ctrl+V 快捷键。

2.2.9 更改幻灯片的版式

添加新的幻灯片时，用户可以选择幻灯片的版式。对于演示文稿中已经存在的幻灯片，用户可以更改它们的版式，有以下两种方法：

- 在导航窗格中右击要更改版式的幻灯片缩略图，然后在弹出的快捷菜单中选择"版式"命令，在子菜单中选择一种版式，如图 2-39 所示。
- 将要更改版式的幻灯片显示在幻灯片编辑区中，然后在功能区的"开始"选项卡中单击"版式"按钮，在打开的列表中选择一种版式。

图 2-39　更改幻灯片的版式

 ## 2.3　PowerPoint 常用设置

本节将介绍一些有用的设置，这些设置不但可以为用户的操作带来方便，还能满足用户对个人操作习惯方面的需求，提高操作效率。

2.3.1 设置演示文稿的默认文件格式和存储位置

在 PowerPoint 2007 及更高版本的 PowerPoint 中，创建的演示文稿的默认文件格式为 .pptx，该格式不能直接在 PowerPoint 2003 及更低版本的 PowerPoint 中打开。如果希望创建的每一个演示文稿都能在任意版本的 PowerPoint 中打开，则可以设置演示文稿的默认文件格式，在保存演示文稿时，都将以设置的默认文件格式进行保存。

单击"文件"|"选项"命令，打开"PowerPoint 选项"对话框，在左侧选择"保存"选项卡，然后在右侧的"将文件保存为此格式"下拉列表中选择"PowerPoint 97-2003 演示文稿"，最后单击"确定"按钮，如图 2-40 所示。

图 2-40　设置演示文稿的默认文件格式

每次在 PowerPoint 中执行"打开"或"另存为"命令时，在打开的对话框中最初显示的文件夹是 PowerPoint 的默认文件夹，其路径如下，假设 Windows 操作系统安装在 C 盘：

```
C:\Users\<用户名>\Documents
```

用户可以将自己常用的文件夹设置为默认文件夹，从而节省每次切换文件夹的时间。打开"PowerPoint 选项"对话框，在左侧选择"保存"选项卡，然后在右侧的"默认本地文件位置"文本框中输入文件夹的完整路径，最后单击"确定"按钮。

2.3.2　设置保存自动恢复文件的时间间隔和位置

默认情况下，PowerPoint 每隔 10 分钟自动为当前打开的演示文稿保存一个临时备份，当 PowerPoint 出现问题而意外关闭时，用户可以在下次启动 PowerPoint 时，使用临时备份文件恢复上次意外关闭时的演示文稿。用户可以更改保存临时备份文件的时间间隔和位置。

单击"文件"|"选项"命令，打开"PowerPoint 选项"对话框，在"保存"选项卡中勾选"保存自动恢复信息时间间隔"复选框，然后在右侧的文本框中输入以"分钟"为单位的数字，表示保存临时备份文件的时间间隔，在下方的"自动恢复文件位置"文本框中设置临时备份文件的保存位置，如图 2-41 所示。设置完成后单击"确定"按钮。

如需使用 2.2.5 小节介绍的恢复未保存演示文稿的功能，则需要勾选"如果我没保存就关闭，请保留上次自动恢复的版本"复选框。如果已经勾选该复选框，但是仍然无法恢复未保存的演示文稿，则通常是由于关闭演示文稿之前没有等待足够长的时间，这个时间就是本小节设置的保存自动恢复信息时间间隔。

图 2-41 设置保存自动恢复文件的时间间隔和位置

2.3.3 设置打开演示文稿时的默认视图

如果经常要在某个特定视图中处理演示文稿，则可以将该视图设置为默认视图，每次打开演示文稿后就会自动切换到该视图。单击"文件"|"选项"命令，打开"PowerPoint 选项"对话框，在左侧选择"高级"选项卡，然后在右侧的"用此视图打开全部文档"下拉列表中选择一种视图，最后单击"确定"按钮，如图 2-42 所示。

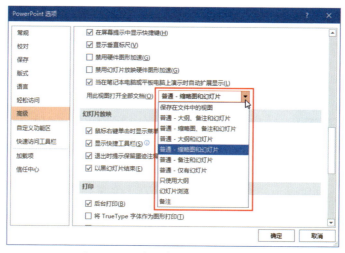

图 2-42 设置打开演示文稿时的默认视图

第3章
在课件中添加文字和图片

　　文字和图片是构成课件内容的两类主要元素。在一些场景中，一张图片能够把用一段文字难以描述清楚的概念以更易理解的方式展现出来，正所谓"一图胜千言"。然而，与图片相比，文字更加重要，文字可以一字一句地将一个概念清晰地表达出来，因此，绝不能忽视文字的重要性，毕竟文字才是课件的主体。本章将介绍在课件中添加文字和图片，并为它们设置格式的方法。

3.1 在课件中输入和编辑文本

制作课件时,通常需要先输入课件中的文字内容,然后再插入合适的图片。在幻灯片中输入文字可以使用占位符、文本框、艺术字等多种方法。本节除了介绍输入文本的方法之外,还将介绍编辑文本的常用方法,包括文本的移动、复制、查找和替换。"文本"是对"文字"一词更加概括和抽象的描述,如无特殊说明,本章及本书其他章会根据表达的流畅性,交替使用"文本"和"文字"两个词语。

3.1.1 在占位符中输入文本

在幻灯片中输入文本的最简单方法是使用占位符。占位符的外观类似于文本框,其中默认显示一些提示性文字,单击占位符的内部时,提示性文字会自动消失,并显示一个闪烁的竖线,等待用户输入。

在 PowerPoint 中新建一个空白演示文稿,其中默认包含一张版式为"标题幻灯片"的幻灯片,在该幻灯片中有两个占位符,在两个占位符中分别显示"单击此处添加标题"和"单击此处添加副标题"提示性文字,如图 3-1 所示。

图 3-1 包含两个占位符的幻灯片

> **提 示**
>
> 不同版式的幻灯片包含的占位符也不尽相同。在功能区的"开始"选项卡中单击"新建幻灯片"按钮,然后可以在打开的列表中看到不同版式的幻灯片及其中包含的占位符。

如需在占位符中输入文字,可以单击占位符的内部,将在占位符中显示一条闪烁的竖线,此时可以输入所需的内容,闪烁的竖线随着输入的内容自动右移,如图 3-2 所示。将这条闪烁的竖线称为"插入点",其高度表示当前的字体大小。

当输入的内容到达占位符的右边缘时,后续输入的内容会自动转入下一行。如需在指定的位置换行输入,可以按 Enter 键将插入点直接移到下一行,而无须等到占位符的右边缘,如图 3-3 所示。

在占位符中可以通过单击或按键盘上的箭头键改变插入点的位置,以便在已输入好的内容之间插入内容。如果输入了错误的内容,可以选择该内容,然后按 Delete 键将其删除;或者将插入点定位到要删除的内容的左侧或右侧,然后按 Delete 键或 BackSpace 键。

图 3-2　在占位符中输入文本　　　　　　　图 3-3　换行输入

3.1.2　在大纲视图中输入文本

如果输入的内容比较复杂且具有层次结构，则可以使用大纲视图进行输入，以便在输入时更好地掌控内容的结构。如需切换到大纲视图，可以在功能区的"视图"选项卡中单击"大纲视图"按钮，如图 3-4 所示。

进入大纲视图后，窗口左侧不再显示幻灯片缩略图，而是显示所有幻灯片中的文字。图 3-5 包含 3 张幻灯片，每张幻灯片使用一个数字和一个矩形图标表示，数字表示幻灯片的编号。矩形图标右侧的一行或多行文字是幻灯片中的内容，颜色较深的文字是标题，颜色较浅的文字是正文。

图 3-4　单击"大纲视图"按钮　　　　　　图 3-5　大纲视图

在大纲视图中输入和编辑幻灯片中的内容有以下几种方法：
- 在要输入内容的矩形图标右侧单击，然后输入所需的内容，输入的内容同步显示在幻灯片编辑区中。
- 如果幻灯片中已经包含内容，则可以在大纲视图中单击内容之间的位置，然后插入新的内容，或删除插入点两侧的内容。
- 在大纲视图中拖动鼠标指针可以选择所需的内容，然后对其执行剪切、复制、粘贴、删除等操作。
- 当插入点位于矩形图标右侧第一行文字的范围内时（即幻灯片中的标题），按 Enter 键将添加一张新的幻灯片，按 Shift+Enter 快捷键将从插入点位置强制换行显示和输入，按 Ctrl+Enter 快捷键将插入点定位到当前幻灯片的正文部分。
- 当插入点位于矩形图标右侧除第一行之外的其他行文字的范围内时（即幻灯片中的正文），按 Enter 键将在一个新建的段落中输入内容，按 Shift+Enter 快捷键将强制换行输入，换行后的内容与之前的内容仍属于同一个段落，按 Ctrl+Enter 快捷键将添加一张新的幻灯片。
- 使用光标拖动数字右侧的矩形图标，可以移动幻灯片的位置。

3.1.3 在文本框中输入文本

如需将文字添加到幻灯片中的任意位置，则可以使用文本框。虽然占位符和文本框有很多相似之处，但是它们之间仍然存在着一些重要区别：
- 为了提醒用户在占位符中输入哪些类型的内容，默认会在占位符中显示提示性文字，而在文本框中默认不显示任何内容。
- 在占位符中输入的内容无须设置即可具有特定的字体格式，而在文本框中输入的内容只具有 PowerPoint 默认的字体格式。
- 占位符有多种类型，分别用于输入文字、插入图片、插入图标、插入 SmartArt、插入表格、插入图表、插入视频等，而在文本框中只能输入文字。

如需在文本框中输入文字，可以先在幻灯片中插入一个文本框，然后在功能区的"插入"选项卡中单击"文本框"按钮上的下拉按钮，在弹出的快捷菜单中选择"绘制横排文本框"或"竖排文本框"命令，如图 3-6 所示。

选择一个命令后，在幻灯片中拖动鼠标指针绘制一个文本框，然后输入所需的内容。文本框中也有一个插入点，显示当前输入文字的位置。横排文本框与竖排文本框的区别在于文字的排列方式：横排文本框中的文字是从左到右、从上到下依次排列，竖排文本框中的文字是从上到下、从右到左依次排列，如图 3-7 所示。

图 3-6 选择"绘制横排文本框"或"竖排文本框"命令　　图 3-7 横排文本框和竖排文本框

> **注意**
> 如果绘制文本框后未在其中输入任何内容，则在单击文本框之外的位置时，将自动删除文本框。

3.1.4 在艺术字中输入文本

除了占位符和文本框之外，还可以使用"艺术字"功能输入文本。在功能区的"插入"选项卡中单击"艺术字"按钮，然后在打开的列表中选择一种艺术字，如图 3-8 所示。

选择后将在当前幻灯片中插入一个艺术字，可将其看作是一个带有特殊字体格式的文本框，其中包含预置的文字，如图 3-9 所示。输入所需的文字即可替换预置的文字，如图 3-10 所示。

图 3-9 插入带有预置文字的艺术字

图 3-8 选择艺术字

图 3-10 输入所需的文字

3.1.5 设置文本级别

在 PowerPoint 中输入的文本具有不同的级别。例如，在版式为"标题和内容"的幻灯片中有两个占位符，位于上方的占位符中的文本属于"标题"级别，位于下方的占位符中的文本属于"正文"级别，标题的级别高于正文的级别。正文中的文本可以继续划分级别。

图 3-11 所示的幻灯片版式为"标题和内容"，在该幻灯片中的文本共有 3 个级别：

- 上方的"PowerPoint 界面结构"文字是标题，在该幻灯片中的级别最高。
- 下方的所有文字都是正文，但是根据每行文字的缩进格式分为两个级别，"选项卡""组"和"命令"3 行文字是正文中的第二级，其他几行文字是正文的第一级。与幻灯片左边缘的间距越大，文字的级别越低，反之亦然。

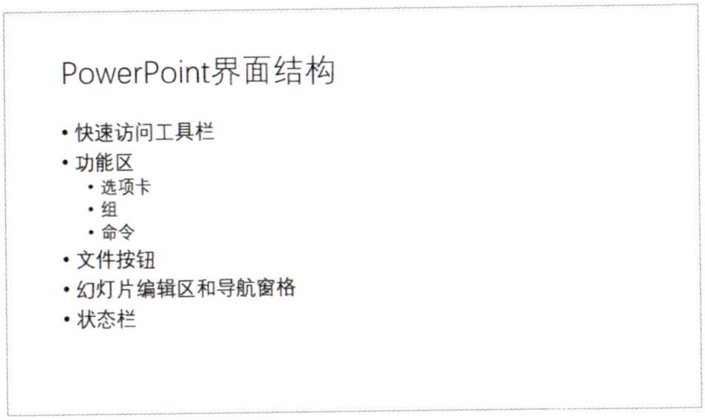

图 3-11 幻灯片中的文本分为多个级别

为了使内容结构清晰，并增加可读性，可以在输入内容时为其设置不同的级别，有以下几种方法：

- 将插入点定位到要设置级别的段落范围内，然后在功能区的"开始"选项卡中单击"降低列表级别"按钮或"提高列表级别"按钮，如图 3-12 所示。
- 切换到大纲视图，在左侧窗格中右击要设置级别的段落范围内，然后在弹出的快捷菜单中选择"升级"命令或"降级"命令，如图 3-13 所示。
- 选择要设置级别的内容或单击内容的起始位置，按 Tab 键将内容降低一级，按 Shift+Tab 快捷键将内容提高一级。

图 3-12　使用功能区命令设置文本级别　　　图 3-13　在大纲视图中设置文本级别

3.1.6　移动和复制文本

图 3-14　使用光标快捷菜单中的命令
执行移动和复制操作

在 PowerPoint 中可以使用以下 3 种方法移动和复制文本：

- 选择要移动的内容，然后使用光标拖动选中的内容，将其移动到目标位置。如需复制内容，只需在拖动过程中按住 Ctrl 键。
- 选择要移动的内容，右击选区并在弹出的快捷菜单中选择"剪切"命令，然后右击目标位置并在弹出的快捷菜单中选择一种粘贴方式，如图 3-14 所示。如需复制内容，只需在第一次右击时从弹出的快捷菜单中选择"复制"命令，其他操作不变。
- 选择要移动的内容，按 Ctrl+X 快捷键，将选中的内容复制到剪贴板并删除原位置上的内容，然后单击目标位置并按 Ctrl+V 快捷键，将剪贴板中的内容粘贴到目标位置。如需复制内容，只需将 Ctrl+X 快捷键改为 Ctrl+C 快捷键，其他操作不变。

如需移动或复制占位符中的所有内容，则可以单击占位符的内部，然后按 Ctrl+A 快捷键，选中占位符中的所有内容，接着使用上面的方法执行移动或复制操作。

3.1.7　查找和替换文本

为了提高修改文本的效率，可以使用"查找"功能快速找到目标内容所在的位置，然后对其进行修改。如果要修改的内容出现在多个位置，则可以使用"替换"功能批量完成修改工作。

图 3-15 中的演示文稿中有 3 张幻灯片，现在要将每张幻灯片中的 Word 改为 PPT。

图 3-15 将 3 张幻灯片中的 Word 改为 PPT

案例文件 \ 第 3 章 \ 查找和替换文本 原始文件 .pptx
案例文件 \ 第 3 章 \ 查找和替换文本 结果文件 .pptx
视频教程 \ 第 3 章 \ 查找和替换文本 .mp4

操作步骤如下:

(1)选择任意一张幻灯片,然后在功能区的"开始"选项卡中单击"替换"按钮,如图 3-16 所示。

图 3-16 单击"替换"按钮

(2)打开"替换"对话框,在"查找内容"文本框中输入 Word,在"替换为"文本框中输入 PPT,然后单击"全部替换"按钮,如图 3-17 所示。

(3)弹出如图 3-18 所示的对话框,显示成功替换的数量。单击"确定"按钮,将每一张幻灯片中的 Word 改为 PPT。

图 3-17 设置查找和替换选项

图 3-18 显示替换结果

提示

如需查找具有特定大小写形式的英文,则需要在"查找内容"文本框中严格按照大小写形式输入,并勾选"区分大小写"复选框。

3.2 设置文本的字符格式和段落格式

字符格式以"字符"为单位,用于控制文本的外观,例如文本的字体、大小和颜色。段落格式以"段"为单位，用于设置段落的外观，例如段落的缩进和对齐方式。本节将介绍为文本设置字符格式和段落格式的方法。

3.2.1 设置字符格式

文本常用的字符格式包括字体、字号、颜色、加粗、倾斜等。设置字符格式的命令位于功能区"开始"选项卡的"字体"组中，如图3-19所示。

如需找到更全面的字体选项，则可以单击"字体"组右下角的对话框启动器，在打开的"字体"对话框中进行设置，如图3-20所示。

图3-19 使用"字体"组中的命令设置文本的字符格式　　图3-20 "字体"对话框

如需为文本设置字符格式，需要先选择文本再进行设置，有以下两种情况：

- 如需为占位符中的所有内容设置字符格式，可以单击占位符的边框选中占位符，然后使用"字体"组中的命令或"字体"对话框设置字符格式。如果没有显示占位符的边框，则可以先单击占位符的内部，然后再单击占位符的边框。选中的占位符的边框显示为实线，未选中的占位符的边框显示为虚线。
- 如需为占位符中的部分内容设置字符格式，则可以单击占位符的内部，然后在其中选择所需的文本，再为其设置字符格式。

如图3-21所示，将标题的字体设置为"黑体"，将正文的字体设置为"隶书"，效果如图3-21所示。

图3-21 设置标题和正文的字体

案例文件 \ 第3章 \ 设置字符格式 原始文件.pptx
案例文件 \ 第3章 \ 设置字符格式 结果文件.pptx
视频教程 \ 第3章 \ 设置字符格式.mp4

操作步骤如下：

（1）单击标题所在的占位符的内部以显示其边框，然后单击该占位符的边框将占位符选中。

（2）在功能区的"开始"选项卡中单击"字体"右侧的下拉按钮，然后在打开的下拉列表中选择"黑体"，如图 3-22 所示。

（3）单击正文所在的占位符的内部以显示其边框，然后单击该占位符的边框将占位符选中。

（4）在功能区的"开始"选项卡中单击"字体"右侧的下拉按钮，然后在打开的下拉列表中选择"隶书"。

为文本框或艺术字中的文本设置字符格式的方法与占位符类似，先选中文本框或艺术字，然后使用"字体"组中的命令或"字体"对话框设置字符格式。还可以使用功能区中的"绘图工具"|"格式"|"艺术字样式"组中的选项为文本设置艺术字效果，该方法对占位符中的文本同样有效，如图 3-23 所示。

图 3-22　选择"黑体"

图 3-23　为文本设置艺术字效果

3.2.2　设置段落的对齐方式

在占位符中输入文字时，每段文字自动以占位符的左边缘为基准进行对齐，将这种对齐方式称为"左对齐"。除了左对齐之外，在 PowerPoint 中还包括居中对齐、右对齐、两端对齐和分散对齐 4 种对齐方式。设置段落对齐方式的命令位于功能区的"开始"选项卡的"段落"组中，如图 3-24 所示。

如果只为一个段落设置对齐方式，则只需将插入点定位到该段落的范围内，然后选择一种对齐方式。如需

图 3-24　用于设置段落对齐方式的命令

为多个段落设置对齐方式，则需要先选择这些段落，然后再选择对齐方式。其他段落格式的设置方法都与此类似。

图 3-25 所示是对 6 段文字分别设置 3 种对齐方式的效果，前两个段落设置的是左对齐，中间两个段落设置的是居中对齐，最后两个段落设置的是右对齐。

前面介绍的 5 种对齐方式是以占位符的宽度为参照进行对齐的，是水平方向上的对齐方式。如果以占位符的高度为参照设置文字在垂直方向上的位置，则可以在功能区的"开始"选项卡中单击"对齐文本"按钮，然后在弹出的快捷菜单中进行选择，包括"顶端对齐""中部对齐"和"底端对齐"3 种，即占位符中的上、中、下 3 个位置，如图 3-26 所示。

图 3-25　左对齐、居中对齐和右对齐

图 3-26　设置文字的垂直对齐方式

3.2.3　设置段落的缩进方式

通过设置缩进方式，可以调整文本和项目符号之间的距离。如果每段开头没有项目符号，则调整文本与占位符左边缘之间的距离。在 PowerPoint 中有 3 种缩进方式：首行缩进、左缩进、悬挂缩进，它们的功能如下。

- 首行缩进：将段落中的第一行文字向右偏移，其他行文字的位置不变。
- 左缩进：将整段文字一起向右偏移，包括段落开头的项目符号。
- 悬挂缩进：如果段落开头没有项目符号，则将段落中除第一行之外的其他行文字向右偏移，第一行文字的位置不变，否则将整段文字一起向右偏移，段落开头的项目符号的位置不变。

设置段落的缩进方式有两种方法，一种方法是拖动标尺上的缩进标记。在功能区的"视图"选项卡中勾选"标尺"复选框，将在功能区的下方显示标尺，其上的 3 个标记分别对应 3 种缩进方式，如图 3-27 所示。

图 3-27　标尺上的缩进标记

> **技巧**
> 显示标尺的更简单方法是右击幻灯片中的空白处，在弹出的快捷菜单中选择"标尺"命令。

图 3-28 所示为首行缩进、左缩进和悬挂缩进的效果，第一段设置的是首行缩进，第二段设置的是左缩进，第三段设置的是悬挂缩进。

另一种方法是使用"段落"对话框。右击段落并在弹出的快捷菜单中选择"段落"命令，打开"段落"对话框，可以在"缩进和间距"选项卡中为 3 种缩进方式设置精确值，如图 3-29 所示。

- 设置左缩进：在"文本之前"文本框中设置左缩进的值。
- 设置首行缩进：在"特殊"下拉列表中选择"首行"，然后在"度量值"文本框中设置首行缩进的值。
- 设置悬挂缩进：在"特殊"下拉列表中选择"悬挂"，然后在"度量值"文本框中设置悬挂缩进的值。如需使该设置生效，还必须将"文本之前"文本框中的值设置为与悬挂的度量值相同。例如，将悬挂的度量值设置为2厘米，则必须将"文本之前"的值也设置为2厘米，才会显示悬挂效果。

图 3-28　首行缩进、左缩进和悬挂缩进

图 3-29　使用"段落"对话框设置缩进方式

3.2.4　设置段落的行间距和段间距

行间距是指段落中各行之间的距离，段间距是指两个段落之间的距离，分为段前间距和段后间距。如需设置行间距，可以在功能区的"开始"选项卡中单击"行距"按钮，然后在弹出的快捷菜单中选择行距的预设值，如图 3-30 所示。

如需为行距设置一个特定的倍数，则可以在图 3-30 所示的菜单中选择"行距选项"命令，然后在打开的对话框中将"行距"设置为"多倍行距"，并在右侧的文本框中输入所需的值，如图 3-31 所示。

图 3-30　选择行距的预设值

图 3-31　设置行距

> **提　示**
>
> 如需为行距指定一个特定的值，则可以在"行距"下拉列表中选择"固定值"，然后在右侧的文本框中输入所需的值。

如图 3-32 所示，第一个段落的行距为"单倍行距"，第二个段落的行距为"多倍行距"，其值为 1.8，即相当于 1.8 倍行距。

如需设置段间距，需要打开"段落"对话框，在"缩进和间距"选项卡的"段前"和"段后"两个文本框中输入所需的值。段前间距和段后间距默认以"磅"为单位，如需以"厘米"

为单位，可以在"段前"和"段后"两个文本框中输入"厘米"。

图 3-33 所示是将第一个段落的段后间距和第二个段落的段前间距都设置为 30 磅的效果，此时两个段落之间的距离约为 60 磅，前提是两个段落的行距都设置为单倍行距。

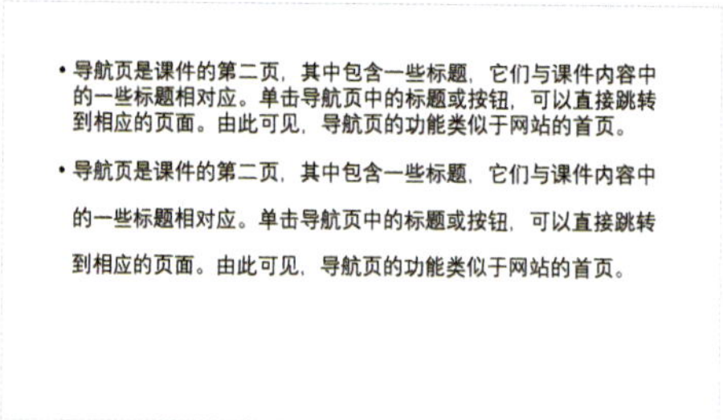

图 3-32　行间距 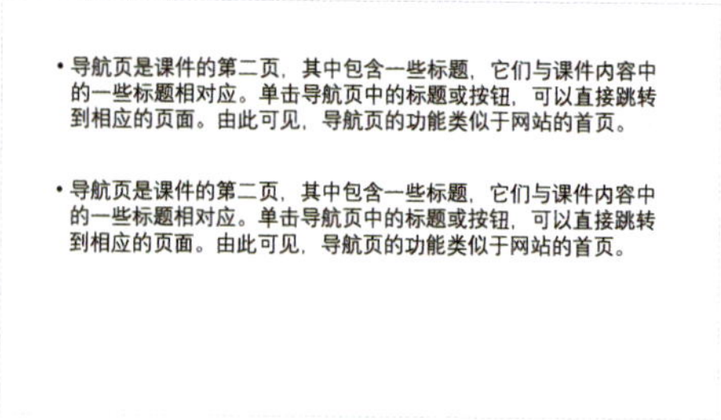　　　　　　　　　图 3-33　段间距

> **注　意**
>
> 段落的行距会间接影响段间距的效果。例如，如果将段落的行距设置为 2 倍行距，并将该段的段前间距设置为 30 磅，则它与上一个段落之间的距离将大于 30 磅，多出的部分是由 2 倍行距附加的。

3.2.5　设置项目符号和编号

在版式为"标题和内容"的幻灯片中有两个占位符，在下方的占位符中输入文字时，每个段落的开头默认显示一个黑色圆点，输入好一个段落的内容后按 Enter 键，下一个段落的开头仍会自动显示相同的黑色圆点，这个黑色圆点就是项目符号。当一个占位符中包含多个段落时，项目符号可以清楚地标识每个段落的起始位置，如图 3-34 所示。

如果输入的多段文字具有先后顺序，则可以为这些段落添加自动编号，以明确表示顺序关系，而且在改变段落之间的排列顺序时，PowerPoint 会根据段落的新位置自动更正编号的次序。

如图 3-35 所示，现在要为正文中的第 3 ～ 5 行添加编号，为正文中的其他行添加项目符号。

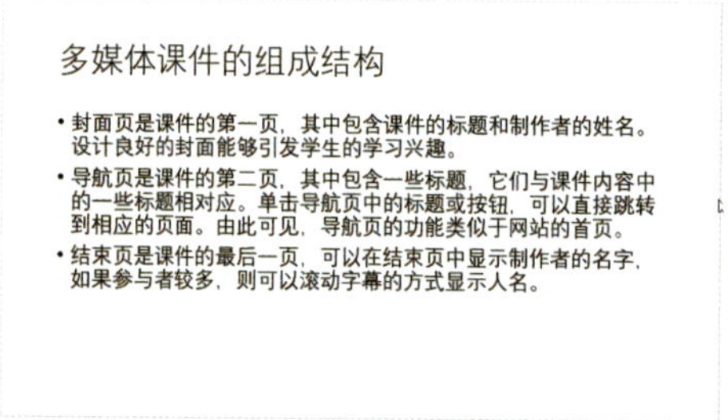

图 3-34　为段落添加项目符号 　　　　图 3-35　为正文添加编号和项目符号

案例文件 \ 第 3 章 \ 设置项目符号和编号　原始文件 .pptx
案例文件 \ 第 3 章 \ 设置项目符号和编号　结果文件 .pptx
视频教程 \ 第 3 章 \ 设置项目符号和编号 .mp4

操作步骤如下：

（1）在下方的占位符中拖动鼠标指针选择前 2 行文字，然后按住 Ctrl 键，再拖动鼠标指针选择后 3 行文字，此时将同时选中前 2 行和后 3 行共 5 行文字，如图 3-36 所示。

（2）在功能区的"开始"选项卡中单击"项目符号"按钮，如图 3-37 所示，为选中的 5 行文字添加默认样式的项目符号，如图 3-38 所示。

图 3-36　选择要设置项目　　图 3-37　单击"项目符号"按钮　　图 3-38　为选中的文字
　　　符号的文字　　　　　　　　　　　　　　　　　　　　　　　添加项目符号

（3）在下方的占位符中选择第 3 ~ 5 行文字，在功能区的"开始"选项卡中单击"编号"按钮，如图 3-39 所示，为选中的 3 行文字添加默认样式的编号，完成后的效果如图 3-40 所示。

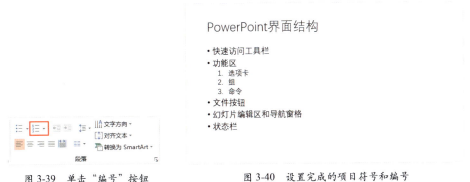

图 3-39　单击"编号"按钮　　　　　图 3-40　设置完成的项目符号和编号

如需使用不同样式的项目符号或编号，可以单击"项目符号"按钮或"编号"按钮上的下拉按钮，在打开的列表中进行选择，如图 3-41 所示。

图 3-41　选择更多的项目符号和编号

如需对项目符号和编号进行更多的控制，可以在图3-41中选择"项目符号和编号"命令，然后在打开的"项目符号和编号"对话框中进行设置，如图3-42所示。

图3-42 "项目符号和编号"对话框

3.2.6 设置制表位

制表位是指每次按Tab键时插入点定位到的位置，默认情况下，每次按Tab键时插入点向右移动2.54厘米。利用制表位可以创建排列整齐的多行多列文字，效果类似于表格中的文字。制表符是标识制表位位置的标记，制表符的类型控制着文字的对齐方式，有以下几种：左对齐制表符 ⌊、居中对齐制表符 ⊥、右对齐制表符 ⌋、小数点对齐制表符 ⊥。

设置制表位有以下两种方法：
- 在标尺上单击。
- 在"制表位"对话框中设置。

如需在标尺上设置制表位，需要先在PowerPoint窗口中显示标尺，然后在标尺上的适当位置单击，将在单击的位置添加一个制表符，表示设置好了一个制表位，标尺上的黑色标记就是制表符，如图3-43所示。如需控制制表位的文字对齐方式，需要单击标尺之前，先单击标尺左侧的制表符标记，然后在4种制表符之间进行选择。

在标尺上添加制表符之后，可以使用光标拖动制表符来调整制表位的位置。如需删除制表位，可以使用光标将标尺上的制表符拖出标尺范围之外即可。

如需精确设置制表位的位置，可以使用"制表位"对话框。假设要在幻灯片中输入员工信息，要求员工信息中的各列数据居中对齐，并在各列数据之间保留5厘米的间距，效果如图3-44所示。

图3-43 在标尺上设置制表位

姓名	性别	年龄	学历
甲	男	25	大本
乙	女	23	大专
丙	男	28	硕士

图3-44 使用制表位对齐各列数据

案例文件＼第3章＼设置制表位 原始文件.pptx
案例文件＼第3章＼设置制表位 结果文件.pptx
视频教程＼第3章＼设置制表位.mp4

操作步骤如下：

（1）在幻灯片下方的占位符内部右击，然后在弹出的快捷菜单中选择"段落"命令，如图 3-45 所示。

（2）打开"段落"对话框，单击"制表位"按钮，如图 3-46 所示。

图 3-45　选择"段落"命令

图 3-46　单击"制表位"按钮

（3）打开"制表位"对话框，在"制表位位置"文本框中输入 5 厘米（"厘米"二字会自动填入），并选中"居中对齐"单选按钮，然后单击"设置"按钮，如图 3-47 所示。

（4）将创建第一个制表位，在"制表位位置"文本框中输入的值会被移入下方的列表框中，如图 3-48 所示。重复第（3）步中的操作，使用 10、15、20 等值创建制表位，完成后的"制表位"对话框如图 3-49 所示。

图 3-47　设置第一个制表位

图 3-48　创建的第一个制表位

图 3-49　创建完成的所有制表位

提示

如果设置有误，则可以在"制表位"对话框中选择已创建的制表位，然后单击"清除"按钮将其删除。如需删除已创建的所有制表位，可以单击"全部清除"按钮。

（5）创建好所有制表位后，单击两次"确定"按钮，关闭打开的对话框。接下来在占位符中输入员工信息，按 Tab 键，将插入点定位到 5 厘米的位置，输入第一个内容。然后按 Tab 键，将插入点定位到 10 厘米的位置，输入第二个内容，输入其他内容的方法与此类似，输入的各列数据将自动居中对齐排列。

3.2.7　设置分栏

如需使占位符中的内容显示在多个列中，可以为内容设置分栏。在占位符中的任意位置单击，然后在功能区的"开始"选项卡中单击"分栏"按钮，在弹出的快捷菜单中选择分栏的数量，如图 3-50 所示。将内容分为两栏的效果如图 3-51 所示。

图 3-50　选择分栏的数量 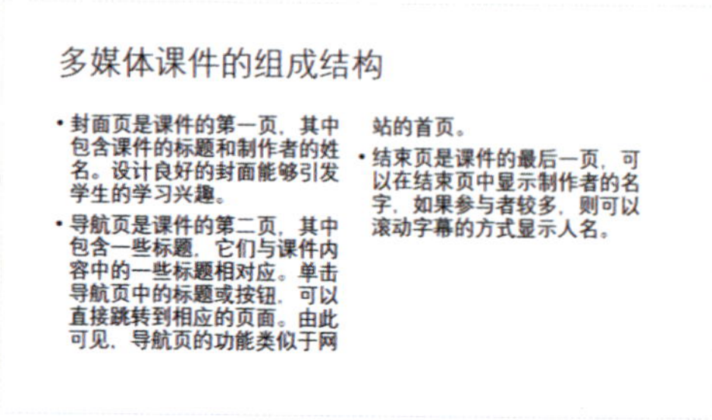　　　　　图 3-51　将内容分为两栏

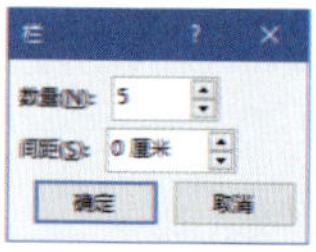

如需为内容设置超过 3 栏的分栏，则需要在图 3-51 所示的菜单中选择"更多栏"命令，打开"分栏"对话框，在"数量"文本框中输入栏数，还可以在"间距"文本框中输入各栏之间的距离，如图 3-52 所示。

图 3-52　设置更多栏数和各栏的间距

3.2.8　设置文字方向

幻灯片中的文字排列顺序默认是水平方向的，即从第一行开始，从上到下逐行排列，每一行中的文字从左到右排列。如需改变文字在幻灯片中的排列方式，可以单击占位符中的任意位置，然后在功能区的"开始"选项卡中单击"文字方向"按钮，在弹出的快捷菜单中选择文字方向，如图 3-53 所示。选择"竖排"后的文字排列效果如图 3-54 所示。

图 3-53　选择文字的排列方向 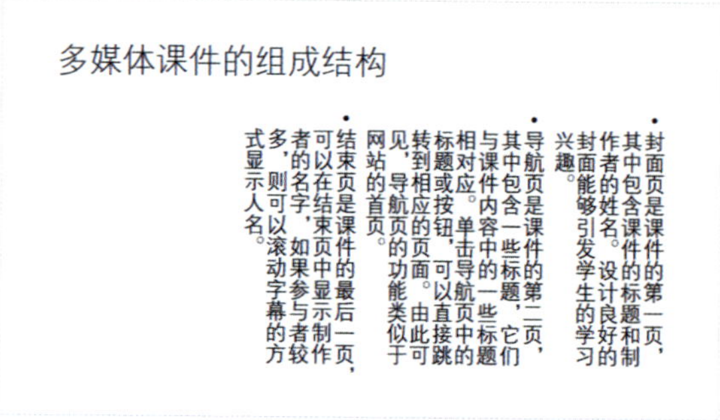　　　　　图 3-54　将文字设置为竖排

3.3 在课件中使用图片

图片在课件中具有非常重要的作用,在课件中使用图片不但可使课件图文并茂,让枯燥乏味的文字描述变得生动有趣,更重要的是,使用图片可以使一些晦涩难懂的文字概念更易理解。本节将介绍在课件中使用图片的方法,包括插入图片以及常用的图片处理方法和技巧。

3.3.1 PowerPoint 支持的图片类型

PowerPoint 支持多种类型的图片格式,如表 3-1 所示。

表 3-1 PowerPoint 支持的图片类型

图片格式	文件扩展名
Windows 位图	.bmp、.dib、.rle
Windows 图元文件	.wmf
Windows 增强型图元文件	.emf
压缩的 Windows 图元文件	.wmz
压缩的 Windows 增强型图元文件	.emz
JPEG 文件交换格式	.jpg、.jpeg、.jfif、.jpe
可移植网络图形	.png
图形交换格式	.gif
图标	.ico
Tag 图像文件格式	.tif、.tiff
可缩放的向量图形	.svg
CorelDraw	.cdr
计算机图形图元文件	.cgm

3.3.2 在幻灯片中插入图片

制作课件时使用的图片主要有以下两种来源:
- 存储在计算机中的图片。
- 使用 PowerPoint 内置的 Bing 搜索引擎从互联网上找到的图片,或者存储在 OneDrive 上的图片。

在幻灯片中插入图片有以下两种方法:
- 使用占位符中的按钮。
- 使用功能区中的命令。

有的占位符包含很多按钮,其中有两个是用于插入图片的按钮——"图片"和"联机图片",如图 3-55 所示。使用"图片"按钮可以插入计算机中的图片,使用"联机图片"按钮可以插入互联网上的图片。

> **提示**
>
> 上面介绍的这种占位符在 PowerPoint 中称为"内容占位符",第 9 章会对占位符的类型进行更多的介绍。

在功能区的"插入"选项卡中也有"图片"和"联机图片"两个按钮,其功能与占位符中的这两个同名按钮相同,如图 3-56 所示。

图 3-55　包含"图片"和"联机图片"
两个按钮的占位符

图 3-56　功能区中的"图片"
和"联机图片"两个按钮

如需在幻灯片中插入计算机中存储的图片,可以单击占位符或功能区中的"图片"按钮,打开"插入图片"对话框,如图 3-57 所示,双击要插入的图片,将其插入到当前幻灯片中。

图 3-57　"插入图片"对话框

如需在幻灯片中插入互联网上的图片,可以单击占位符或功能区中的"联机图片"按钮,打开"联机图片"对话框,在搜索框中输入可以描述图片含义或类型的文字,例如"风景",然后按 Enter 键,将显示相关的图片。单击图片可将其选中,选中后图片的右上角会显示对钩标记。在对话框中选择所需的一张或多张图片,然后单击"插入"按钮,将其插入到当前幻灯片中,如图 3-58 所示。

> **技巧**
>
> 如果已经调整好某张图片在幻灯片中的位置和尺寸,但是现在要使用另一张图片替换该图片,替换后的图片与原图片具有相同的位置和尺寸,为了简化操作,可以在幻灯片中右击图片,在弹出的快捷菜单中选择"更改图片"命令,然后在子菜单中选择图片来源,再选择所需的图片,完成图片的替换操作,如图 3-59 所示。

图 3-58 "联机图片"对话框

图 3-59 选择图片来源

3.3.3 使用"相册"功能在多张幻灯片中插入图片

如需在多张幻灯片中快速插入图片，则可以使用 PowerPoint 中的"相册"功能，使用该功能不但可以控制在每张幻灯片中插入的图片数量，还可以控制图片的排列方式。使用"相册"功能操作步骤如下：

（1）在功能区的"插入"选项卡中单击"相册"按钮的上半部分，该操作与单击该按钮上的下拉按钮后选择"新建相册"命令等效，如图 3-60 所示。

（2）打开"相册"对话框，单击"文件/磁盘"按钮，如图 3-61 所示。

图 3-60 单击"相册"按钮的上半部分　　　图 3-61 单击"文件/磁盘"按钮

> **提 示**
>
> 使用"相册"功能会自动创建一个演示文稿，并在其中插入图片，因此，在一个打开的演示文稿或新建的演示文稿中执行"新建相册"命令均可。

（3）打开"插入新图片"对话框，选择要插入的图片，然后单击"插入"按钮，如图3-62所示。

图 3-62　选择要插入的图片

（4）返回"相册"对话框，将第（3）步选择的图片添加到"相册中的图片"列表框中，如图3-63所示，然后可以执行以下几种操作。

图 3-63　将图片载入到"相册"对话框

- 如需调整图片的亮度、对比度等参数，可以勾选图片左侧的复选框，然后使用"预览"下方的按钮进行设置。
- 如需调整图片的排列顺序，可以勾选一张或多张图片左侧的复选框，然后单击"相册中的图片"列表框下方的箭头按钮。单击"删除"按钮将删除选中的图片。
- 在"图片版式"下拉列表中选择图片在幻灯片中的排列方式，以便控制每张幻灯片包含的图片数量。"图片版式"下拉列表中包含"带标题"几个字的选项表示在每张幻灯片中除了包含图片之外，还会包含一个标题占位符，这样可以为每张幻灯片添加一个标题。
- 在"相框形状"下拉列表中选择图片的样式，该选项的效果类似于3.3.10小节介绍的图片样式。
- 单击"浏览"按钮，在打开的对话框中为相册选择一种主题。关于主题的更多内容将在第9章进行介绍。

- 如需在每张图片的下方显示图片的文件名,可以勾选"标题在所有图片下面"复选框。
- 如需使图片呈现老照片的效果,可以勾选"所有图片以黑白方式显示"复选框。

(5)单击"创建"按钮,将自动新建一个演示文稿,并在其中插入第 3 步选择的图片,如图 3-64 所示。

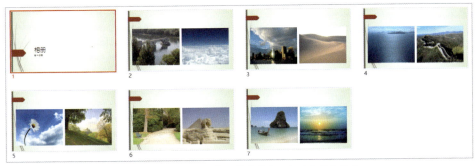

图 3-64　使用"相册"功能在多张幻灯片中插入图片

以后如需对使用"相册"功能创建的演示文稿中的图片进行修改,可以在功能区的"插入"选项卡中单击"相册"按钮上的下拉按钮,在弹出的快捷菜单中选择"编辑相册"命令,然后在打开的对话框中进行修改,完成后单击"更新"按钮。

3.3.4　设置图片尺寸

将图片插入到幻灯片后,通常需要调整图片的大小。如果对图片大小没有具体的尺寸限制,则可以使用光标拖动图片四周的控制柄来调整图片大小。单击一张图片将其选中,图片四周会显示 8 个圆形标记,如图 3-65 所示,将这些标记称为"控制柄",使用它们可以调整图片的尺寸。控制柄有以下 3 种类型:

- 当鼠标指针移动到 4 个角上的控制柄上时,鼠标指针将变为斜向双箭头,拖动这 4 个控制柄可以等比例调整图片的宽度和高度,即等比例缩放图片。

图 3-65　使用图片四周的控制柄调整图片尺寸

- 当鼠标指针移动到左、右边框上的两个控制柄上时,鼠标指针将变为左右双箭头,拖动这两个控制柄可以调整图片的宽度。
- 当鼠标指针移动到上、下边框上的两个控制柄上时,鼠标指针将变为上下双箭头,拖动这两个控制柄可以调整图片的高度。

技 巧

如果在控制柄上按住鼠标右键进行拖动,则会同时显示尺寸变化轨迹与图片的原始大小。

如果对图片尺寸有特定的要求，则可以将图片的宽度和高度设置为精确的值，有以下两种方法：

- 单击图片，然后在功能区的"图形工具|格式"选项卡的"高度"和"宽度"两个文本框中输入表示高度和宽度的数值，如图3-66所示。
- 右击图片，在弹出的快捷菜单中选择"大小和位置"命令，打开"设置图片格式"窗格，在"高度"和"宽度"两个文本框中输入所需的值，如图3-67所示。勾选"锁定纵横比"复选框可以按照图片的原始比例调整高度和宽度，防止图片扭曲变形。

图3-66 在功能区中设置图片尺寸

图3-67 在窗格中设置图片尺寸

3.3.5 旋转图片

如果图片在幻灯片中的角度有误，则可以通过"旋转"操作进行更正。图3-68的啤酒杯被倒置了，此时可以单击该图片，然后在功能区的"图片工具|格式"选项卡中单击"旋转"按钮，在弹出的快捷菜单中选择"向右旋转90°"命令，如图3-69所示，将啤酒杯旋转到正确的角度，如图3-70所示。

图3-68 方向倒置的图片　　图3-69 选择"向右旋转90°"命令　　图3-70 更正角度后的图片

如需将图片旋转到特定的角度，可以右击图片，然后在弹出的快捷菜单中选择"大小和位置"命令，打开"设置图片格式"窗格，在"旋转"文本框中输入所需的角度，如图3-71所示。

如图3-72所示，如需将酒瓶和酒杯的位置对调，则可以使用"翻转"功能。单击图片，然后在功能区的"图片工具|格式"选项卡中单击"旋转"按钮，在弹出的快捷菜单中选择"水平翻转"命令，如图3-73所示。

图 3-71　设置任意的旋转角度　　　图 3-72　翻转前的图片　　　图 3-73　翻转后的图片

3.3.6　裁剪图片

为了突出图片的主体内容，可以使用"裁剪"功能将图片四周无意义的部分删除。右击要裁剪的图片，在弹出的快捷菜单中选择"裁剪"命令，进入图片的裁剪模式，在图片四周的边框上显示较粗的黑色短线，将鼠标指针指向这些短线时，鼠标指针的形状会发生变化。按住鼠标左键并拖动以减小图片的空白部分，拖动过程中产生的灰色阴影表示要裁剪掉的部分，如图 3-74 所示。

设置好要裁剪掉的区域后，单击图片之外的区域，将阴影部分删除。如图 3-75 所示为裁剪后的图片，图片四周的多余空白已被删除。

图 3-74　鼠标拖动过的阴影部分是要裁剪掉的部分　　　图 3-75　删除多余空白部分之后的图片

> **提　示**
>
> 如果发现删掉了图片中的有用部分，则可以再次进入图片的裁剪模式，然后向远离图片的方向拖动黑色短线，减小灰色阴影部分的面积，直到误删的部分不被阴影覆盖为止。

3.3.7 去除图片背景

制作课件时,无论幻灯片是否有背景,透明背景的图片都可以很好地与幻灯片中的其他对象融合,而不会显得突兀。使用 PowerPoint 中的"删除背景"可以很容易地去除图片的背景。

对于 3.3.6 小节中的图片,现在要去除该图片中的蓝天,只保留热气球,效果如图 3-76 所示。

案例文件 \ 第 3 章 \ 去除图片背景 原始文件 .pptx
案例文件 \ 第 3 章 \ 去除图片背景 结果文件 .pptx
视频教程 \ 第 3 章 \ 去除图片背景 .mp4

操作步骤如下:

(1) 在幻灯片中单击要去除背景的图片,然后在功能区的"图片工具|格式"选项卡中单击"删除背景"按钮,如图 3-77 所示。

图 3-76 去除图片背景

图 3-77 单击"删除背景"按钮

(2) 进入图片的删除背景模式,图片中的紫色区域是将要删除的部分,PowerPoint 会自动检测并标记要删除的区域,如图 3-78 所示。如需手动调整要保留或要删除的部分,则可以在功能区的"图片工具|背景消除"选项卡中单击"标记要保留的区域"或"标记要删除的区域"按钮,然后在图片上拖动鼠标指针涂抹以进行标记,如图 3-79 所示。

图 3-78 进入图片的删除背景模式

图 3-79 与删除背景相关的命令

> **注 意**
>
> 在很多操作中,可以按 Esc 键放弃当前正在进行的操作,或关闭对话框而不保存其中的设置。然而,在删除图片背景的操作中按 Esc 键后,仍会执行删除图片背景的操作。如果不想删除图片背景并恢复到图片的初始状态,则可以在功能区的"图片工具|背景消除"选项卡中单击"放弃所有更改"按钮。

(3) 单击图片之外的区域,或者在功能区的"图片工具|背景消除"选项卡中单击"保留更改"按钮,删除图片的背景。

3.3.8 调整图片的亮度和对比度

通过调整图片的亮度和对比度，可以从一定程度上改变图片的显示效果。在幻灯片中单击图片，然后在功能区的"图片工具 | 格式"选项卡中单击"校正"按钮，在打开的列表中包含很多选项，每一个选项都由一组亮度和对比度的设置值组成，如图 3-80 所示。

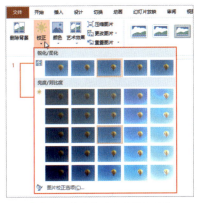

图 3-80　亮度和对比度的预置值

选择所需的选项，可同时改变图片的亮度和对比度。图 3-81 是为图片设置亮度和对比度前后的效果。

如需单独调整亮度和对比度中的任意一项，或者要为亮度和对比度设置一个特定的值，则可以在图 3-80 所示的列表中选择"图片校正选项"命令，然后在打开的窗格中设置"亮度"和"对比度"，如图 3-82 所示。

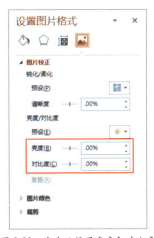

图 3-81　设置图片的亮度和对比度　　　　图 3-82　自定义设置亮度和对比度

3.3.9 为图片调色

如果图片的颜色不正，则可以在 PowerPoint 中为图片进行简单的调色。在幻灯片中单击

图片，然后在功能区的"图片工具|格式"选项卡中单击"颜色"按钮，打开如图 3-83 所示的列表，其中的预置选项分为以下 3 类。

- 颜色饱和度：调整图片颜色的鲜艳程度。
- 色调：调整图片颜色的整体倾向性。
- 重新着色：为图片设置特定的颜色。

用户可以某个预置的颜色选项为起点，在此基础上再进行微调。选择一个预置项，然后选择列表中的"图片颜色选项"，在打开的窗格中对颜色进行自定义设置，如图 3-84 所示。

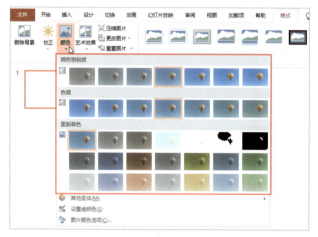

图 3-83 调整图片颜色的预置选项

图 3-84 自定义设置图片颜色

3.3.10 为图片添加艺术效果

如需为课件中的图片添加一些特效，则可以单击图片，然后执行以下操作：

- 在功能区的"图片工具|格式"选项卡中单击"艺术效果"按钮，然后在打开的列表中选择一种类似绘画风格的艺术效果，如图 3-85 所示。
- 在功能区的"图片工具|格式"选项卡中打开图片样式库，然后为图片选择一种样式，每一种样式由阴影、倒影、边框、三维等多种效果组成，如图 3-86 所示。

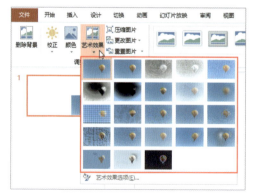

图 3-85 图片的艺术效果

图 3-86 图片的样式

图 3-87 所示为图片设置名为"旋转，白色"图片样式后的效果。

如需单独设置阴影、倒影、边框、三维等效果，则可以单击图片，然后在功能区的"图片工具|格式"选项卡中单击"图片效果"按钮，在弹出的快捷菜单中选择效果类别，再在子菜单中选择该类别中的效果选项。图 3-88 所示为"映像"效果的选项菜单，如果选择菜单底部的"映像选项"，则可以在打开的窗格中自定义设置效果各个选项的值，如图 3-89 所示。

图 3-87 设置"旋转，白色"图片样式的效果

图 3-88 选择特定效果中的预置项

提 示

如果为图片设置了一些外观格式后，对图片的当前外观不满意，则可以在功能区的"图片工具|格式"选项卡中单击"重置图片"按钮，使图片恢复到未设置格式之前的原始状态。如果也希望将图片大小恢复到将其刚插入幻灯片时的状态，则可以单击"重置图片"按钮上的下拉按钮，在弹出的快捷菜单中选择"重置图片和大小"，如图 3-90 所示。

图 3-89 自定义设置效果

图 3-90 选择"重置图片和大小"

3.3.11 压缩图片体积

制作课件时，通常会在其中插入很多图片。为了在放映课件时图片能够清晰显示，通常要使用高分辨率的图片。图片的分辨率越高，其占用的磁盘空间就越多。如果课件中包含大量的高分辨率图片，PPT 文件的体积会显著增大，影响打开和编辑课件的操作效率。

裁剪图片是导致 PPT 文件体积变大的另一个原因，这主要是因为 PowerPoint 将裁减掉的部分存储在文件中而并未真正将其删除，只是对用户不可见。使用 PowerPoint 中的"压缩图片"功能，可以将裁剪掉的图片部分从文件中彻底删除，减小文件的体积。

如需压缩图片，可以在 PPT 文件单击任意一张图片，然后在功能区的"图片工具 | 格式"选项卡中单击"压缩图片"按钮，如图 3-91 所示。打开如图 3-92 所示的"压缩图片"对话框，进行以下设置：

- 如需删除当前选中的图片中已被裁剪掉的部分，则需要勾选"删除图片的剪裁区域"复选框。如需删除所有图片中已被裁剪掉的部分，则还需要取消对"仅应用于此图片"复选框的勾选。
- 如需改变图片的分辨率，则可以在"分辨率"类别中选择一项。

设置完成后单击"确定"按钮，将裁剪掉的图片部分从 PPT 文件中删除，并根据设置自动调整图片的分辨率。

图 3-91　单击"压缩图片"按钮

图 3-92　设置图片的压缩方式

3.3.12 使用参考线精确定位图片

如果在幻灯片中只放置一张图片，则图片的摆放位置相对比较自由。当需要在一张幻灯片中放置多张图片时，图片之间的位置关系将变得非常重要。使用参考线有助于更好地在一张或多张幻灯片中定位图片。

如需在幻灯片中显示参考线，可以在功能区的"视图"选项卡中勾选"参考线"复选框，如图 3-93 所示，将在每一张幻灯片中显示纵横交叉的两条虚线，如图 3-94 所示。

图 3-93　勾选"参考线"复选框

图 3-94　在幻灯片中显示参考线

将鼠标指针指向参考线，当鼠标指针变为双向箭头时拖动参考线，可改变参考线的位置，拖动时会显示一个刻度值，它表示在标尺上的位置，如图 3-95 所示。

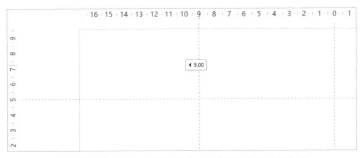

图 3-95　在显示标尺的情况下拖动参考线会显示刻度值

如果按住 Ctrl 键并拖动参考线，则会复制一条参考线，这样可以使用多条参考线构建灵活的版式布局，将图片、形状等对象以参考线为基准进行摆放。

第4章
在课件中添加表格、图表和图示

　　表格就像数据的收纳盒,可以使数据排列得整齐有序、清晰易读。图表可以将枯燥的数据以线条、形状等图形化的方式呈现出来,使数据的含义和数据之间的关系变得更加直观。图示以文字和形状的组合形式,可以直观表达一些逻辑关系和概念。本章将介绍在课件中创建与设置表格、图表和图示的方法。

4.1 创建表格

在 PowerPoint 中可以创建空白表格，也可以将已经在 Word、Excel 等程序中创建好的表格导入其中。本节将介绍在 PowerPoint 中创建表格并在其中输入数据的方法。

4.1.1 创建新的表格

在幻灯片中创建表格有以下两种方法：
- 使用占位符中的按钮。
- 使用功能区中的命令。

有的占位符包含很多按钮，其中有一个名为"插入表格"的按钮，使用该按钮可以在幻灯片中创建表格，如图 4-1 所示。

在功能区的"插入"选项卡中单击"表格"按钮，在弹出的快捷菜单中有一个名为"插入表格"的命令，该命令的功能与占位符中的同名按钮相同，如图 4-2 所示。

图 4-1 包含"插入表格"按钮的占位符

图 4-2 功能区中的"插入表格"命令

在占位符中单击"插入表格"按钮或在功能区中选择"插入表格"命令，都将打开"插入表格"对话框，如图 4-3 所示，在"列数"和"行数"两个文本框中输入所需的列数和行数，然后单击"确定"按钮，在当前幻灯片中创建一个表格，如图 4-4 所示。

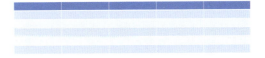

图 4-3 "插入表格"对话框　　　　　图 4-4 创建的表格

另外，还可以在功能区的"插入"选项卡中单击"表格"按钮，然后在弹出菜单的上方使用光标拖动方格，鼠标指针滑过的方格会变为橘黄色，该区域就是将要创建的表格的大小，方格上方会显示类似"5×6"的数字，它表示表格的列数和行数，如图 4-5 所示。

图 4-5 使用光标拖动方格创建表格

4.1.2 导入现有表格

用户可以将在 Word 或 Excel 中创建好的表格直接导入 PowerPoint，从而节省在 PowerPoint 中创建表格并输入数据的时间。如图 4-6 所示，学生成绩存储在 Excel 工作表中，现在要将该工作表中的数据以表格的形式导入 PowerPoint，效果如图 4-7 所示。

图 4-6 存储在 Excel 中的数据　　图 4-7 将 Excel 工作表导入 PowerPoint 后的效果

```
案例文件 \ 第 4 章 \ 学生成绩表 .xlsx
案例文件 \ 第 4 章 \ 导入现有表格 原始文件 .pptx
案例文件 \ 第 4 章 \ 导入现有表格 结果文件 .pptx
视频教程 \ 第 4 章 \ 导入现有表格 .mp4
```

操作步骤如下：

（1）在 Excel 中选择 A1:E7 单元格区域，然后按 Ctrl+C 快捷键，将数据复制到剪贴板中。

（2）在 PowerPoint 幻灯片中相应的位置右击，然后在弹出的快捷菜单中选择"粘贴选项"中的"使用目标样式"命令，如图 4-8 所示，将剪贴板中的 Excel 表格粘贴到 PowerPoint 幻灯片中，如图 4-9 所示。

（3）右击幻灯片中的表格并选择"选择表格"命令，选中整个表格，如图 4-10 所示。然后拖动表格 4 个角上的控制点，适当调整表格的大小。

（4）保持表格仍处于选中状态，在功能区的"开始"选项卡的"字号"下拉列表框中选择适当的字号，例如"28"，调整表格中的字体大小。然后在功能区的"开始"选项卡中单击"居中"按钮，将表格中的数据在单元格中居中对齐，如图 4-11 所示。

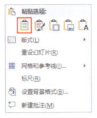

图 4-8　选择“使用目标样式”命令

姓名	性别	语文	数学	英语
凌岭	女	95	76	97
万強	男	92	85	70
闫冰安	男	80	77	87
潘乐白	女	67	82	68
苏列	女	68	71	83
骆卡	男	85	88	100

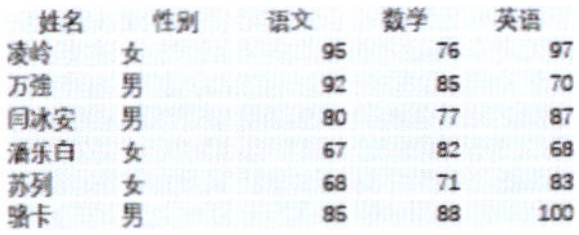

图 4-9　将 Excel 工作表粘贴到 PowerPoint 中

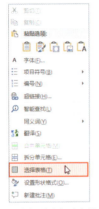

图 4-10　选择“选择表格”命令

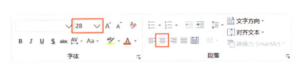

图 4-11　设置表格数据的字号和居中对齐

4.1.3　在表格中输入数据

如果使用过 Word 表格或 Excel 工作表，则会很容易掌握在 PowerPoint 表格中输入数据的方法。只需在表格中单击要输入数据的单元格，将在该单元格中显示插入点，然后输入所需的内容即可，如图 4-12 所示。

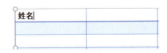

图 4-12　在 PowerPoint 表格中输入数据

如需在表格中的各个单元格之间移动插入点，可以直接单击目标单元格，或者按 Tab 键或 Shift+Tab 快捷键进行切换。

4.2　设置表格外观

创建表格并在其中输入数据后，通常需要调整表格的外观格式，如表格的尺寸、结构、边框、底纹，以及数据在单元格中的位置等。

4.2.1 调整表格尺寸

如果对表格的尺寸没有精确要求，则可以单击表格中的任意一个单元格，然后使用光标拖动表格外侧边框上的控制点，调整表格的尺寸。表格外侧边框上的控制点与图片边框上的控制点的操作方法相同，请参考第 3.3.4 小节。

如需为表格的尺寸设置精确值，可以单击表格中的任意一个单元格，然后在功能区的"表格工具|布局"选项卡的"表格尺寸"组中的"高度"和"宽度"两个文本框中输入所需的值，如图 4-13 所示。

如需粗略调整行的高度或列的宽度，可以使用光标拖动两行或两列之间的分隔线。如需精确调整行高或列宽，可以单击要调整的行或列中的任意一个单元格，然后在功能区的"表格工具|布局"选项卡的"单元格大小"组中的"高度"和"宽度"两个文本框中输入所需的值，如图 4-14 所示。

图 4-13　为表格尺寸设置精确值

图 4-14　为行高和列宽设置精确值

如需快速为表格中的多个行或多个列设置相同的尺寸，可以同时选定这些行或列，然后在功能区的"表格工具|布局"选项卡中单击"分布行"或"分布列"按钮。图 4-15 所示为快速将多个列设置为相同宽度之前和之后的效果。

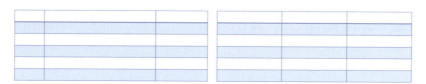

图 4-15　快速将多个列设置为相同的宽度

4.2.2 调整表格结构

用户可以在表格中插入或删除行和列，也可以将相邻的单元格合并到一起，或者将一个单元格拆分为多个单元格，从而满足数据的输入或特殊的排版需求。

如果在输入数据时发现表格中的空行不够用，则可以单击表格中的最后一个单元格，然后按 Tab 键，在表格底部增加一个空行。

如需在某一行的上方或下方增加一个空行，可以单击该行中的任意一个单元格，然后在功能区的"表格工具|布局"选项卡中单击"在上方插入"或"在下方插入"按钮，如图 4-16 所示。

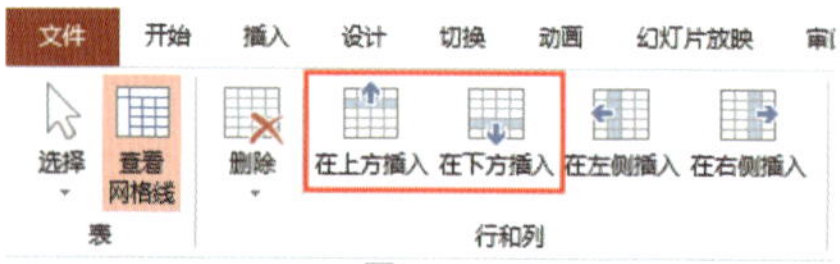

图 4-16　单击"在上方插入"或"在下方插入"按钮

如需在某一列的左侧或右侧增加一个空列，则可以在功能区的"表格工具|布局"选项卡中单击"在左侧插入"或"在右侧插入"按钮。

如需将几个单元格合并为一个整体，可以拖动鼠标指针同时选中这些单元格，然后在选定区域内右击，在弹出的快捷菜单中选择"合并单元格"命令，如图 4-17 所示。

如需将一个单元格拆分为多个单元格，可以右击该单元格，在弹出的快捷菜单中选择"拆分单元格"命令，然后在打开的对话框中设置拆分单元格的方式，用户设置的列数和行数将决定拆分后的单元格数量。

如图 4-18 所示，此处将列数设置为 2，行数设置为 1，表示将当前单元格拆分为两列一行结构的单元格，即横向排列的两个单元格。如果将行数设置为 2，而列数不变，则将拆分为两行两列共 4 个单元格。

图 4-17　选择"合并单元格"命令

图 4-18　设置单元格的拆分选项

图 4-19 所示为合并与拆分单元格的效果，第一行中尺寸较大的单元格是通过合并两个单元格得到的，第一行中两个尺寸较小的单元格是通过拆分一个单元格得到的。

如需删除表格中的行或列，可以单击要删除的行或列中的任意一个单元格，然后在功能区的"表格工具 | 布局"选项卡中单击"删除"按钮，在弹出的快捷菜单中选择"删除行"或"删除列"命令，如图 4-20 所示。

图 4-19　合并与拆分单元格的效果

图 4-20　选择"删除行"或"删除列"命令

4.2.3　设置表格的边框和底纹

创建表格后，表格中的奇数行和偶数行默认具有不同的底纹颜色，表格的标题行（即第一行）默认具有不同于奇数行和偶数行的底纹颜色。如需快速改变表格各行的底纹颜色和边框，可以单击表格中的任意一个单元格，然后在功能区的"表格工具 | 设计"选项卡中打开表格样式库，从中选择所需的表格样式，如图 4-21 所示。

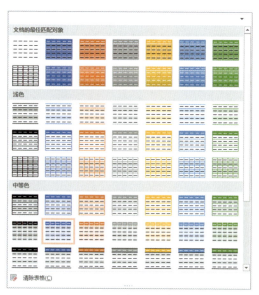

图 4-21　表格样式库

> **提示**
>
> 如果不想使用任何表格样式,则可以在表格样式库中选择"清除表格"命令。

设置表格样式时,可以选择是否保留用户为表格手动设置的格式。在表格样式库中右击要使用的表格样式,弹出如图 4-22 所示的快捷菜单,根据是否保留手动设置的格式选择所需的命令:
- 如需使设置的表格样式覆盖手动设置的格式,可以选择"应用(并清除格式)"命令。
- 如需在设置表格样式时保留手动设置的格式,可以选择"应用并维护格式"命令。

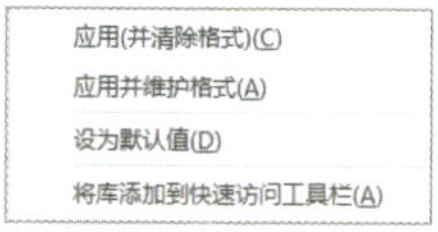

图 4-22　右击表格样式时弹出的快捷菜单

> **提示**
>
> 如需将某个表格样式设置为以后创建表格时的默认格式,可以在表格样式库中右击该表格样式,然后在弹出的快捷菜单中选择"设为默认值"命令。

4.2.4　设置数据在单元格中的位置

数据在单元格中的位置分为水平和垂直两个方向,每一个方向有 3 种对齐方式,水平方向上的 3 种对齐方式为:左对齐、居中、右对齐;垂直方向上的 3 种对齐方式为:顶端对齐、垂直居中、底端对齐。两个方向上的对齐方式组合起来共有 9 种位置关系,用于设置对齐方

式的命令位于功能区的"表格工具|布局"选项卡的"对齐方式"组中，如图4-23所示。

图4-24所示为数据在单元格中的9种对齐方式。只有增大行高，才会显示垂直方向上的对齐效果。

图4-23 设置数据在单元格中的位置　　图4-24 数据在单元格中的9种对齐方式

如需设置数据在单元格中的对齐方式，需要先选择数据，有以下几种情况。

- 一个单元格中的数据：只须将插入点定位到单元格中即可。
- 一行数据：如需选择一行数据，可以将鼠标指针移动到该行数据的左侧，当鼠标指针变为黑色箭头时单击，选中该行数据，如图4-25所示。
- 一列数据：如需选择一列数据，可以将鼠标指针移动到该列数据的上方，当鼠标指针变为黑色箭头时单击，选中该列数据，如图4-26所示。
- 多行数据：选中一行数据后按住鼠标左键向上或向下拖动，选中相邻的多行数据。
- 多列数据：选中一列数据后按住鼠标左键向左或向右拖动，选中相邻的多列数据。
- 表格中的所有数据：如需选择表格中的所有数据，可以右击表格，在弹出的快捷菜单中单击"选择表格"命令。

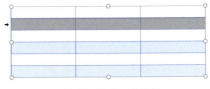

图4-25 选择一行数据　　图4-26 选择一列数据

4.3 创建和美化图表

为了使表格中的数据清晰直观地展现出来，可以为这些数据创建图表，以图形化的方式展示数据之间的关系和含义。在PowerPoint中创建的图表实际上使用的是Excel中的图表功能。本节不仅介绍创建图表的方法，还将介绍图表的常用操作，包括更改图表类型、设置图表的布局和配色、设置图表元素的格式。

4.3.1 图表的组成

一个图表由多个部分组成，将这些部分称为图表元素。不同的图表可以包含不同的图表元素，这意味着在一个图表中可以灵活增减图表元素。图 4-27 所示的图表包含以下几个图表元素。

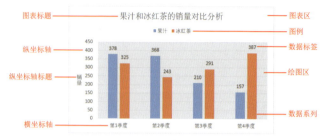

图 4-27　图表的组成

- 图表区：图表区与整个图表等大，其他图表元素都位于图表区中。选择图表区相当于选中了整个图表，选中的图表四周会显示边框及其上的 8 个控制点，使用光标拖动控制点可以调整图表的大小。
- 图表标题：图表顶部的文字，用于描述图表的含义。当然，标题并非必须位于图表的顶部。
- 图例：图表标题下方带有色块的文字，用于标识不同的数据系列。图例的位置也可以由用户自定义设置。
- 绘图区：图中的浅灰色部分，作为数据系列的背景，数据系列、数据标签、网格线等图表元素都位于绘图区中。
- 数据系列：位于绘图区中的矩形，同一种颜色的所有矩形构成一个数据系列，每个数据系列对应于数据源中的一行数据或一列数据。数据系列中的每个矩形代表一个数据点，它对应于数据源中的特定单元格中的值，不同类型的图表的数据系列具有不同的形状。数据源是创建图表时所使用的数据。
- 数据标签：数据系列顶部的数字，用于标识每个数据点的值。
- 坐标轴及其标题：坐标轴包括主要横坐标轴、主要纵坐标轴、次要横坐标轴、次要纵坐标轴 4 种，图 4-27 只显示了主要横坐标轴和主要纵坐标轴。横坐标轴位于绘图区的下方，图 4-27 中的横坐标轴表示季度。主要纵坐标轴位于绘图区的左侧，图 4-27 中的纵坐标轴表示销量。坐标轴标题用于描述坐标轴的含义，图 4-27 中的"销量"是纵坐标轴的标题。

4.3.2　创建图表

在幻灯片中创建图表有以下两种方法：
- 使用占位符中的按钮。
- 使用功能区中的命令。

有的占位符包含很多按钮，其中有一个名为"插入图表"的按钮，使用该按钮可以在幻灯片中创建图表，如图 4-28 所示。

在功能区的"插入"选项卡中有一个"图表"按钮，其功能与占位符中的"插入图表"按钮相同，如图 4-29 所示。

图 4-28　包含"插入图表"按钮的占位符　　　图 4-29　功能区中的"图表"按钮

在占位符中单击"插入图表"按钮或在功能区中单击"图表"按钮,都可打开"插入图表"对话框,选择所需的图表类型及其子类型,然后单击"确定"按钮,在当前幻灯片中创建一个图表。

如图 4-30 所示,要为表格中的学生成绩创建一个柱形图,以便对比和分析学生各科成绩的差异情况。

案例文件 \ 第 4 章 \ 创建图表　原始文件 .pptx
案例文件 \ 第 4 章 \ 创建图表　结果文件 .pptx
视频教程 \ 第 4 章 \ 创建图表 .mp4

操作步骤如下:

(1) 在演示文稿中添加一张"空白"版式的幻灯片,并使其成为当前幻灯片。然后在功能区的"插入"选项卡中单击"图表"按钮,如图 4-29 所示。

(2) 打开"插入图表"对话框,在左侧选择"柱形图",在右侧选择柱形图中的子类型,本案例选择"簇状柱形图",然后单击"确定"按钮,如图 4-31 所示。

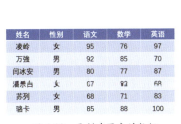

图 4-30　要创建图表的数据　　　　　　　图 4-31　选择"簇状柱形图"

(3) 在当前幻灯片中插入一个簇状柱形图,并自动打开一个 Excel 窗口,簇状柱形图中的图形就是根据 Excel 窗口中的数据绘制的,如图 4-32 所示。

(4) 在 PowerPoint 中选择包含学生成绩数据的幻灯片,然后选择其中的表格,按 Ctrl+C 快捷键,将表格中的所有数据复制到剪贴板。

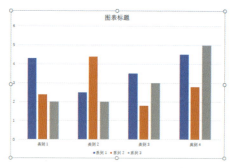
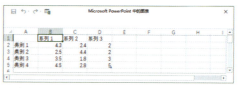

图 4-32　默认创建的柱形图

（5）激活与图表关联的 Excel 窗口，然后右击 Excel 工作表中的 A1 单元格，在弹出的快捷菜单中选择"粘贴选项"中的"匹配目标格式"命令，如图 4-33 所示。

> **提 示**
>
> 如果与图表关联的 Excel 窗口处于关闭状态，则可以在幻灯片中右击图表，然后在弹出的快捷菜单中选择"编辑数据"|"编辑数据"命令，重新打开 Excel 窗口，如图 4-34 所示。

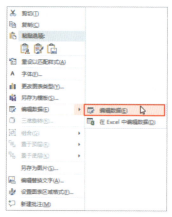

图 4-33　选择"匹配目标格式"命令　　　　图 4-34　选择"编辑数据"命令

（6）粘贴后的 Excel 数据如图 4-35 所示，PowerPoint 会自动使用粘贴后的数据绘制图表，如图 4-36 所示。

> **提 示**
>
> 如果没有完全将所需的所有数据都绘制到图表上，则可以在 Excel 窗口中找到一个带有三角标记的单元格，使用光标拖动该单元格右下角的三角标记，拖动时会显示一个绿色边框，它表示当前绘制到图表中的数据范围，将绿色边框正好包围想要绘制到图表中的数据范围即可，如图 4-37 所示。

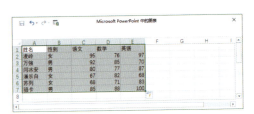
图 4-35 将表格数据粘贴到 Excel 中

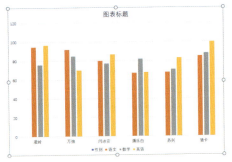
图 4-36 使用粘贴后的数据绘制图表

（7）将无意义的"性别"数据从图表中删除。在 Excel 窗口中右击"性别"列上方的字母 B，然后在弹出的快捷菜单中选择"删除"命令，将"性别"列删除，如图 4-38 所示。

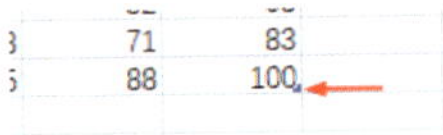

图 4-37 用于确定数据范围的三角标记

图 4-38 选择"删除"命令

（8）关闭 Excel 窗口，删除"性别"列后的图表如图 4-39 所示，其中的每一组形状显示的是每个学生的 3 科成绩。如需在图表上将所有学生的每一科成绩作为一组显示在一起，可以单击图表，然后在功能区的"图表工具|设计"选项卡中单击"选择数据"按钮，如图 4-40 所示。

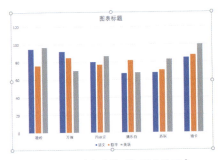
图 4-39 删除"性别"列后的图表

图 4-40 单击"选择数据"按钮

（9）打开"选择数据源"对话框，单击"切换行/列"按钮，然后单击"确定"按钮，如图 4-41 所示。

图 4-41 单击"切换行/列"按钮

（10）得到图 4-42 所示的图表，单击顶部的"图表标题"将其选中，再次单击该文字进入文本编辑状态，删除原有内容并输入"学生成绩分析"，最终完成的图表如图 4-43 所示。

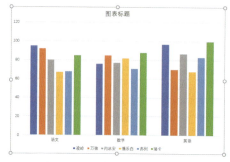

图 4-42 调整行、列位置后的图表

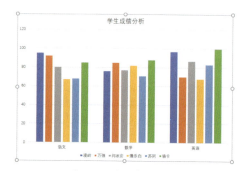

图 4-43 为图表输入标题

4.3.3　更改图表类型

创建图表后，用户可以随时更改图表的类型，操作步骤如下：

（1）右击图表的图表区，在弹出的快捷菜单中选择"更改图表类型"命令，如图 4-44 所示。

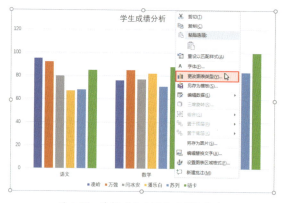

图 4-44 选择"更改图表类型"命令

（2）打开"更改图表类型"对话框，在"所有图表"选项卡的左侧列表中选择一种图表类型，然后在右侧选择图表的子类型，最后单击"确定"按钮，如图 4-45 所示。

如图 4-46 所示，将图表从簇状柱形图改为簇状条形图。

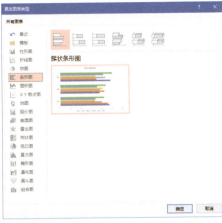

图 4-45　更改图表类型

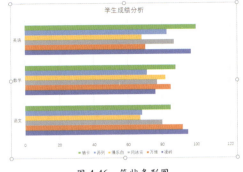

图 4-46　簇状条形图

如需在一个图表中使用不同的图表类型展示不同的数据系列，可以在"更改图表类型"对话框的"所有图表"选项卡中选择"组合图"，然后在右侧为不同的数据系列设置不同的图表类型。图 4-47 所示为同时包含柱形图和折线图的图表。

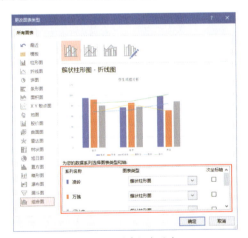

图 4-47　创建组合图表

> **提示**
> 如果各个数据系列的数值单位不同，为了避免由于差值过大而导致某些数据系列无法正常显示，可以勾选"次坐标轴"复选框，使用不同的坐标轴标识数据系列的值。

4.3.4　设置图表的布局和配色

图表布局是指图表中的各个元素在图表上的排列方式。在幻灯片中选择图表后，在功能区

的"图表工具|设计"选项卡中单击"快速布局"按钮，打开如图4-48所示的列表，每个缩略图代表一种图表布局方案，其中显示了图表元素在图表上是否显示以及显示的位置，选择一种图表布局即可改变当前选中图表的整体布局。

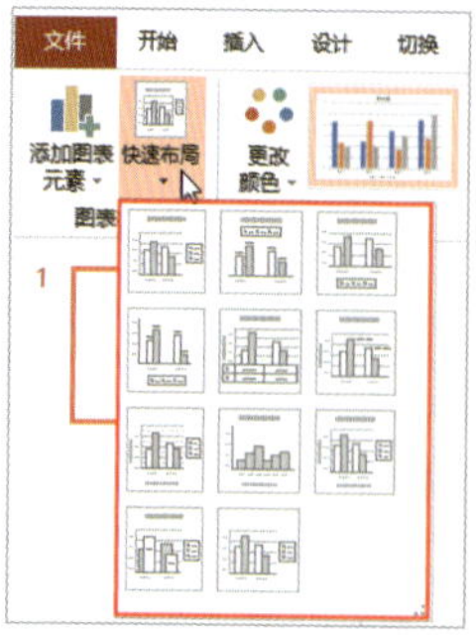

图4-49所示是选择名为"布局2"的图表布局前后的效果。

如需单独设置某个图表元素在图表上的布局方式，可以选择图表，然后在功能区的"图表工具|设计"选项卡中单击"添加图表元素"按钮，在弹出的快捷菜单中选择要设置的图表元素，可在打开的子菜单中选择图表元素的布局方式，如图4-50所示。

如需统一调整图表的颜色，可以选择图表，然后在功能区的"图表工具|设计"选项卡中单击"更改颜色"按钮，在打开的列表中选择一种配色方案，"彩色"类别中的第一组颜色是当前演示文稿正在使用的主题颜色，如图4-51所示。

图4-48 选择图表布局

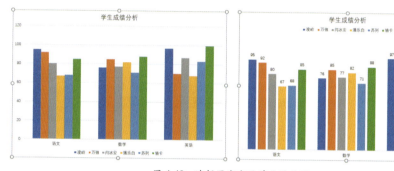

图4-49 选择图表布局前后的效果

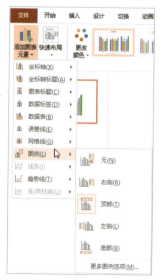

图4-50 设置图表元素的布局方式

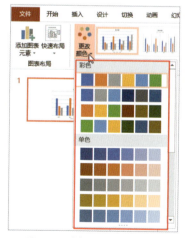

图4-51 选择图表的配色方案

主题颜色的更多内容将在本书第 9 章进行介绍。

如需快速改变所有图表元素的外观,可以选择图表,然后在功能区的"图表工具|设计"选项卡中打开图表样式库,从中选择一种图表样式,如图 4-52 所示。

图 4-52 选择图表样式

图 4-53 所示是选择名为"样式 7"的图表样式后的效果。

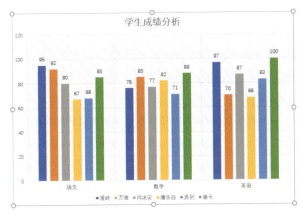

图 4-53 使用图表样式快速改变图表的整体外观

4.3.5 设置图表元素的格式

除了使用"图表样式"快速改变图表的整体外观之外,还可以使用功能区的"图表工具|格式"选项卡中的选项为选中的图表元素设置格式,如图 4-54 所示。

有以下几种工具:

- 形状样式库,打开形状样式库,其中包含很多预置格式,每一种格式可以同时设置图表元素的填充色、边框和形状效果,如图 4-55 所示。
- 形状填充,单击"形状填充"按钮,可在打开的列表中选择一种填充色或填充效果。
- 形状轮廓,单击"形状轮廓"按钮,可在打开的列表中选择图表元素是否包含边框,如果包含边框,则可以设置边框的线型、粗细和颜色。
- 形状效果,单击"形状效果"按钮,可在打开的列表中选择阴影、发光、棱台等效果。

如需对图表元素的格式进行更多设置,可以在图表上双击要设置的图表元素,打开该图表元素的格式设置窗格。图 4-56 所示为双击图例所打开的窗格,窗格顶部显示了当前正在设置的图表元素的名称，下方并排显示"图例选项"和"文本选项"两个选项卡。选择任意一个选项卡，在下方会显示几个图标选项卡，单击某个图标，下方将显示该图标选项卡中包含的选项，接下来对所需的选项进行设置即可。

图 4-54　使用"形状样式"组中的命令设置图表元素的格式　　图 4-55　形状样式库

可以在不关闭格式设置窗格的情况下设置不同的图表元素，有以下两种方法：
- 单击"图例选项"右侧的下拉按钮，在弹出的快捷菜单中选择要设置的图表元素，如图 4-57 所示。
- 在图表中选择不同的图表元素，窗格中的选项卡及其包含的选项会自动显示为与当前选中的图表元素相匹配的内容。

图 4-56　图表元素的格式设置窗格　　　　图 4-57　选择要设置格式的图表元素

4.4　使用图示

SmartArt 是在 Office 2007 中引入的功能，它取代了 Office 早期版本中的图示功能。使用

SmartArt 可以很容易地创建表示并列、流程、循环、层次等不同逻辑关系的图示。对于已经创建好的图示，既可以使用 PowerPoint 预置的外观选项对其进行快速美化，也可以自定义设置图示的外观。本节将介绍使用 SmartArt 功能创建和设置图示的方法。

4.4.1 创建图示

SmartArt 包含大量的图示，用户只需从中选择一个，然后在图示中添加文字，完成图示的创建。

在幻灯片中创建图示有以下两种方法：
- 使用占位符中的按钮。
- 使用功能区中的命令。

有的占位符包含很多按钮，其中有一个名为"插入 SmartArt 图形"的按钮，使用该按钮可以在幻灯片中创建图示，如图 4-58 所示。

在功能区的"插入"选项卡中有一个"SmartArt"按钮，其功能与占位符中的"插入 SmartArt 图形"按钮相同，如图 4-59 所示。

图 4-58　包含"插入 SmartArt 图形"按钮的占位符

图 4-59　功能区中的"SmartArt"按钮

在占位符中单击"插入 SmartArt 图形"按钮或在功能区中单击"SmartArt"按钮，都将打开"选择 SmartArt 图形"对话框，左侧列表显示了图示的 8 个类别，选择一个类别，中间列表将显示该类别包含的图示，在其中选择一种图示，对话框的右侧将显示该图示的简要说明，如图 4-60 所示。

选择一种图示后，单击"确定"按钮，将在当前幻灯片中创建图示。如图 4-61 所示，创建的是"流程"类别中名为"公式"的图示。

图 4-60　"选择 SmartArt 图形"对话框

图 4-61　创建图示

4.4.2 在图示中添加文字

一个图示由多个形状组成，在图示中添加文字实际上就是在这些形状中输入文字。在幻灯片中创建图示后，在图示中的每个形状内部都会显示"[文本]"二字，单击形状内部时，这两个字会自动消失并显示一个插入点，然后输入所需的内容即可。

> **提示**
>
> 如果在图示中添加了新形状，在这些新增的形状中则不会显示"[文本]"文字。如需在这些形状中输入文字，需要右击形状，然后在弹出的快捷菜单中选择"编辑文字"命令。在形状中输入文字并设置文字格式的更多内容，将在本书第 8 章进行介绍。

除了直接在形状中输入文字之外，还可以使用与图示关联的文本窗格输入文字。选择幻灯片中的图示，然后使用以下几种方法打开文本窗格：

- 单击图示左边框中间位置上的箭头 。
- 在功能区的"SmartArt 工具 | 设计"选项卡中单击"文本窗格"按钮，如图 4-62 所示。
- 右击图示内部的空白处（不要右击任何形状），然后在弹出的快捷菜单中选择"显示文本窗格"命令，如图 4-63 所示。

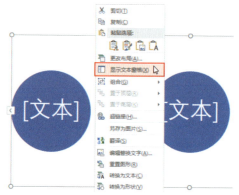

图 4-62　单击"文本窗格"按钮　　　　图 4-63　选择"显示文本窗格"命令

在打开的文本窗格中包含一些黑色的圆点，每个圆点对应于图示中的一个形状。单击圆点右侧，会自动选中与其对应的形状并进入文本编辑状态，此时可以输入内容，输入的内容会同时显示在对应的形状中，如图 4-64 所示。

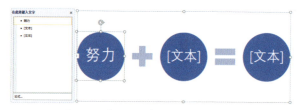

图 4-64　使用文本窗格为图示添加文字

如果不再使用文本窗格，可以使用以下几种方法将其关闭：

- 单击文本窗格右上角的"关闭"按钮 ❌。
- 单击图示左边框中间位置上的箭头 ▶。
- 在功能区的"SmartArt 工具 | 设计"选项卡中单击"文本窗格"按钮。
- 右击图示内部的空白处，然后在弹出的快捷菜单中选择"隐藏文本窗格"命令，如图 4-65 所示。

图 4-65　选择"隐藏文本窗格"命令

4.4.3　更改图示的布局

与更改图表布局类似，用户也可以随时更改已创建好的图示的布局。选择要更改布局的图示，然后在功能区的"SmartArt 工具 | 设计"选项卡中打开版式库，为图示选择同类别中的其他布局，如图 4-66 所示。图 4-67 所示为更改为"垂直公式"布局后的效果。

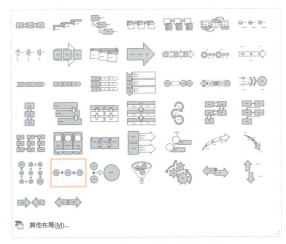

图 4-66　选择同类别中的其他布局

图 4-67　更改布局后的图示

如需将图示的布局更改为其他类别，可以使用以下两种方法：
- 打开版式库，然后选择"其他布局"命令。
- 右击图示内部的空白处，然后在弹出的快捷菜单中选择"更改布局"命令。

无论使用哪一种方法，都可打开"选择 SmartArt 图形"对话框，从中选择所需的布局即可。

4.4.4　调整图示的结构

最初创建的图示通常无法完全满足应用需求，这是因为图示默认只包含数量有限的形状，如需创建复杂的图示，需要在图示中添加更多形状。对于"层次结构"类型的图示来说，其内部包含的形状具有上、下级之分，用户可以根据需要改变形状的级别，有以下两种方法：
- 在图示中选择要改变级别的形状，然后在功能区的"SmartArt 工具 | 设计"选项卡中单击"升级"按钮或"降级"按钮，如图 4-68 所示。
- 打开与图示关联的文本窗格，然后右击与要改变级别的形状对应的黑色圆点，在弹出的快捷菜单中选择"升级"按钮或"降级"按钮，如图 4-69 所示。

图 4-68 使用功能区命令改变形状的级别

图 4-69 使用文本窗格改变形状的级别

除了改变形状的级别之外，还可以在图示中添加新的形状，有以下两种方法：
- 选择图示中的某个形状，然后在功能区的"SmartArt 工具|设计"选项卡中单击"添加形状"按钮上的下拉按钮，在弹出的快捷菜单中选择要添加形状的位置，如图 4-70 所示。
- 右击图示中的某个形状，然后在弹出的快捷菜单中选择"添加形状"命令，在其子菜单中选择要添加形状的位置，如图 4-71 所示。

图 4-70 使用功能区命令添加形状

图 4-71 使用光标快捷菜单命令添加形状

添加形状的位置有以下几种：
- "在后面添加形状"和"在前面添加形状"两个命令用于添加一个与当前选中的形状具有相同级别的形状，新增形状位于当前形状的右侧或左侧。
- "在上方添加形状"和"在下方添加形状"两个命令用于在当前选中的形状的上一级或下一级添加一个形状，该形状位于当前形状的上方或下方。
- "添加助理"命令只适用于"组织结构图"类型的图示。

图 4-72 所示为班干部组织结构图的初始版本，现在要将其改为如图 4-73 所示的效果。

案例文件 \ 第 4 章 \ 调整图示的结构 原始文件 .pptx
案例文件 \ 第 4 章 \ 调整图示的结构 结果文件 .pptx
视频教程 \ 第 4 章 \ 调整图示的结构 .mp4

图 4-72 调整结构前的图示

操作步骤如下：

（1）右击"课代表"所在的形状，在弹出的快捷菜单中选择"添加形状"|"在后面添加形状"命令，如图4-74所示。

图4-73 调整结构后的图示

图4-74 选择"在后面添加形状"命令

（2）将在"课代表"形状的右侧添加一个形状，右击该形状并选择"编辑文字"命令，然后输入"课代表"，如图4-75所示。

（3）将"副班长"和"学习委员"两个形状中的文字都改为"课代表"，如图4-76所示。只需单击这两个形状内部，然后使用 Delete 键或 Backspace 键将原有内容删除，再输入新的内容即可。

图4-75 在新增形状中输入文字　　　　　图4-76 修改形状中的文字

> **提 示**　由于第二个形状中的文字从4个减少为3个，因此，每个形状中的文字会自动增大。

（4）右击"班长"所在的形状，在弹出的快捷菜单中选择"添加形状"|"添加助理"命令，如图4-77所示。

图4-77 选择"添加助理"命令

（5）将在"班长"和"课代表"形状之间添加一个形状，右击该形状并选择"编辑文字"命令，如图4-78所示。

（6）在新增形状中输入"副班长"。右击"副班长"所在的形状，在弹出的快捷菜单中选择"添加形状"|"在后面添加形状"命令，如图4-79所示。

图4-78 选择"编辑文字"命令　　　　　图4-79 选择"在后面添加形状"命令

图4-80 为"学习委员"形状添加文字

（7）将在"副班长"形状的右侧添加一个同级别的形状，右击该形状并选择"编辑文字"命令，然后在该形状中输入"学习委员"，如图4-80所示。

提 示

由于"学习委员"形状中有4个字，而其他形状中都只有3个字，所以其他形状中的文字都会参照"学习委员"形状的文字大小而自动缩小。

4.4.5 设置图示的外观效果

最初创建的图示中的所有形状默认为蓝色背景，如需让图示呈现不同的显示效果，可以为图示选择不同的配色，还可以为图示中的形状设置一些特殊效果，例如阴影、倒影、边框、发光等。

如需改变图示的整体效果，可以使用PowerPoint内置的配色方案和样式。选择要设置外观的图示，在功能区的"SmartArt工具|设计"选项卡的"SmartArt样式"组中可以看到"更改颜色"按钮和样式选项，如图4-81所示。

图4-81 图示的配色和样式选项

单击"更改颜色"按钮,从打开的列表中可以为图示选择一种配色,如图 4-82 所示。"个性色 1"—"个性色 6"中的颜色依次对应于当前演示文稿所应用的主题颜色。

在"SmartArt 样式"组中单击 ▽ 按钮,然后在打开的样式库中为图示选择一种样式,每种样式由阴影、倒影、边框、三维等多个效果组成,如图 4-83 所示。

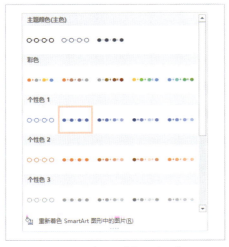
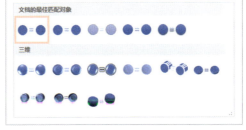

图 4-82　为图示选择一种配色　　　　图 4-83　为图示选择一种样式

图 4-84 所示是为图示选择名为"彩色范围 - 个性色 5 至 6"的配色和名为"优雅"的样式之后的效果。

除了改变图示的整体外观之外,也可以为图示中的特定形状设置所需的格式。只需在图示中选择一个或多个形状,然后在功能区的"SmartArt 工具 | 格式"选项卡中进行以下两类设置:

- 设置形状外观,在"形状样式"组中选择内置的样式选项,或者使用"形状填充""形状轮廓"和"形状效果"3 个按钮,为选中的形状设置填充色、边框和特殊效果(即阴影、倒影、发光、三维等)。
- 设置文字外观,在"艺术字样式"组中为形状中的文字选择一种艺术字样式,或者使用"文本填充""文本轮廓"和"文本效果"3 个按钮自定义设置文字的外观。

图 4-85 所示是为图示中的第 3 个形状单独设置了一种发光效果。

图 4-84　通过配色和样式改变图示的显示效果　　　图 4-85　为图示中的特定形状设置格式

4.4.6　将图片转换为图示

用户可以将幻灯片中的图片直接转换为图示。选择要转换的一张或多张图片,然后在功能区的"图片工具 | 格式"选项卡中单击"图片版式"按钮,在打开的列表中选择一种图示布局,可将所选图片转换为图示,如图 4-86 所示。

图 4-87 所示是将 3 张图片转换为图示的几种效果。

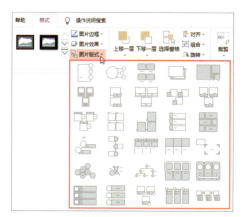

图 4-86 选择图示的布局

图 4-87 将图片转换为图示

第 5 章
在课件中使用音频和视频

为了使课件更生动，更易激发学生的学习兴趣，可以根据课件的内容，在课件中使用音频、视频、Flash 动画等形式多样的媒体资源。本章将介绍在课件中插入和设置音频、视频、Flash 动画的方法。

5.1 在课件中使用音频

用户可以在课件中插入 .MP3、.WAV、.WMA 等格式的音频，并进行简单的编辑和播放设置。本节将介绍在课件中添加和设置音频的方法。

5.1.1 插入音频

在课件中使用的音频有以下两种来源：
- 存储在计算机中的音频文件。
- 使用 PowerPoint 内置的音频录制功能录制的声音。

1. 插入存储在计算机中的音频文件

课件中有 3 张幻灯片，现在要在第 2 张幻灯片中插入音频。

```
案例文件 \ 第 5 章 \ 音乐 .mp3
案例文件 \ 第 5 章 \ 插入音频 原始文件 .pptx
案例文件 \ 第 5 章 \ 插入音频 结果文件 .pptx
视频教程 \ 第 5 章 \ 插入音频 .mp4
```

操作步骤如下：

（1）选择第 2 张幻灯片，在功能区的"插入"选项卡中单击"音频"按钮，然后在弹出的快捷菜单中选择"PC 上的音频"命令，如图 5-1 所示。

（2）打开"插入音频"对话框，双击要插入的音频文件，如图 5-2 所示。

图 5-1 选择"PC 上的音频"命令

图 5-2 双击要插入的音频文件

（3）将音频插入到当前幻灯片中，会显示一个喇叭图标和一个简易的播放器，如图 5-3 所示。

> **注意**
>
> 从 PowerPoint 2010 开始，默认以嵌入的形式将音频文件插入 PowerPoint 中。如果音频文件的容量较大，在将其插入演示文稿中并保存文件之后，演示文稿的容量也会相应地增加。如需减小演示文稿的文件大小，可以将音频文件以链接的形式插入，只需在"插入音频"对话框中单击"插入"按钮右侧的下拉按钮，然后在弹出的快捷菜单中选择"链接到文件"命令，如图 5-4 所示。

图 5-3 在幻灯片中插入音频

图 5-4 选择"链接到文件"命令

2. 插入录制的声音

除了插入音频文件之外，还可以在课件中插入录制的声音。在功能区的"插入"选项卡中单击"音频"按钮，然后在弹出的快捷菜单中选择"录制音频"命令，打开"录制声音"对话框，如图 5-5 所示。在"名称"文本框中为将要录制的声音输入一个名称，然后执行以下操作：

- 单击"录制"按钮 开始录音。
- 单击"停止"按钮 停止录音。
- 单击"播放"按钮 播放录好的声音。
- 单击"确定"按钮，将录制的声音插入当前幻灯片中，与插入的音频文件的外观相同，显示为一个喇叭图标和一个播放器。

无论插入的是音频文件还是录制的声音，都可以执行以下操作：

- 如果没有显示与音频关联的播放器，则可以单击喇叭图标。
- 拖动喇叭图标可以移动音频的位置。
- 单击播放器左侧的黑色三角按钮可以播放音频内容，播放时会显示播放进度和播放时间，如图 5-6 所示。
- 将鼠标指针指向播放器右侧的音量图标，然后拖动滑块可以调整音量。
- 单击喇叭图标，然后按 Delete 键，可将音频删除。

图 5-5 录制声音

图 5-6 播放音频时显示播放进度和时间

5.1.2 删除音频中的无用部分

如果只需要音频中的一部分内容，可以将不需要的部分删除。在幻灯片中单击与音频关联的喇叭图标，然后在功能区的"音频工具 | 播放"选项卡中单击"剪裁音频"按钮，如图 5-7 所示。

打开"剪裁音频"对话框，中间的进度条的两端各有一个滑块，拖动左侧的滑块指定剪裁后的音频起点，拖动右侧的滑块指定剪裁后的音频终点，如图 5-8 所示。如需指定精确的时间起点和终点，可以在"开始时间"和"结束时间"两个文本框中输入音频的具体开始时间和结束时间。

图 5-7 单击"剪裁音频"按钮

图 5-8 设置剪裁音频的位置

5.1.3 快速从指定位置开始播放音频

用户可以为每个音频创建一个或多个书签，使用书签可以跳过该位置之前的部分快速从指定的位置开始播放。假设已经在幻灯片中插入了一个时长在 1 分半左右的音频，现在要在这个音频第 30 秒左右的位置上创建一个书签。

> 案例文件 \ 第 5 章 \ 为音频创建书签 原始文件 .pptx
> 案例文件 \ 第 5 章 \ 为音频创建书签 结果文件 .pptx
> 视频教程 \ 第 5 章 \ 为音频创建书签 .mp4

操作步骤如下：

（1）选择音频所在的幻灯片，单击与音频关联的喇叭图标，然后将鼠标指针移动到播放器的进度条上，此时会显示鼠标指针所在位置对应的时间，将鼠标指针移动到 30 秒左右的位置并单击，如图 5-9 所示。

（2）在功能区的"音频工具|播放"选项卡中单击"添加书签"按钮，如图 5-10 所示。

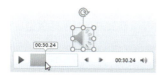
图 5-9 在进度条上单击要创建书签的位置

图 5-10 单击"添加书签"按钮

（3）将在第一步单击的位置创建书签，它显示为一个圆圈，如图 5-11 所示。以后可以在进度条上单击代表书签的圆圈，就能从书签位置开始播放音频。如果为音频创建了多个书签，则可以使用 Alt+Home 快捷键或 Alt+End 快捷键在各个书签之间快速跳转。

如需删除音频上的书签，可以在进度条上单击代表书签的圆圈，然后在功能区的"音频工具|播放"选项卡中单击"删除书签"按钮，如图 5-12 所示。

图 5-11 为音频创建书签

图 5-12 单击"删除书签"按钮

5.1.4 自动播放幻灯片中的音频

在放映课件的过程中，当切换到包含音频的幻灯片时，不会自动播放其中的音频，而需

要用户单击才会开始播放。如需在切换到包含音频的幻灯片时自动播放其中的音频，可以单击与音频关联的喇叭图标，然后在功能区的"音频工具|播放"选项卡中单击"开始"右侧的下拉按钮，在打开的列表中选择"自动"，如图5-13所示。

图5-13　设置音频的播放方式

5.1.5　播放音频时隐藏喇叭图标

放映包含音频的幻灯片时，默认会显示与音频关联的喇叭图标，这样会影响幻灯片内容的正常显示。如需在放映幻灯片时隐藏与音频关联的喇叭图标。可以单击与音频关联的喇叭图标，然后在功能区的"音频工具|播放"选项卡中勾选"放映时隐藏"复选框，如图5-14所示。

图5-14　勾选"放映时隐藏"复选框

5.1.6　始终循环播放音频

有时希望在放映课件的整个过程中一直循环播放音频，而不只是在切换到包含音频的幻灯片时才播放音频。如需始终循环播放音频，可以单击与音频关联的喇叭图标，然后在功能区的"音频工具|播放"选项卡中单击"在后台播放"按钮，如图5-15所示。

图5-15　单击"在后台播放"按钮

单击"在后台播放"按钮后，将在功能区的"音频工具|播放"选项卡中自动完成以下几项的设置：

- 将"开始"设置为"自动"。
- 勾选"跨幻灯片播放"复选框。
- 勾选"循环播放，直到停止"复选框。
- 勾选"放映时隐藏"复选框。

经过以上设置后，当放映到包含音频的幻灯片时，将会自动播放其中的音频，并会一直播放该音频，直到结束整个放映。

5.2　在课件中使用视频

用户可以在课件中插入.AVI、.WMV、.MPEG、.MP4等格式的视频，并进行简单的编辑和播放设置。本节将介绍在课件中添加和设置视频的方法，其中的很多操作都与音频类似。

5.2.1 插入视频

在课件中使用的视频有以下几种来源：
- 存储在计算机中的视频文件。
- 使用 PowerPoint 内置的屏幕录制功能录制的用户操作和音频。
- 互联网中的视频。

下面主要介绍插入前两种来源视频的方法。

1．插入存储在计算机中的视频文件

课件中有 8 张幻灯片，现在要在第 8 张幻灯片中插入视频。

案例文件 \ 第 5 章 \ 视频 .mp4
案例文件 \ 第 5 章 \ 插入视频 原始文件 .pptx
案例文件 \ 第 5 章 \ 插入视频 结果文件 .pptx
视频教程 \ 第 5 章 \ 插入视频 .mp4

操作步骤如下：

（1）选择第 8 张幻灯片，在功能区的"插入"选项卡中单击"视频"按钮，然后在弹出的快捷菜单中选择"PC 上的视频"命令，如图 5-16 所示。

（2）打开"插入视频文件"对话框，双击要插入的视频文件，如图 5-17 所示。

图 5-16　选择"PC 上的视频"命令

图 5-17　双击要插入的视频文件

（3）将视频插入到当前幻灯片中，使用光标拖动视频四周的控制点，可以调整视频显示的大小，拖动视频可以将其移动到适当的位置。将鼠标指针指向视频或单击视频时，都会在视频下方显示一个工具栏，其中包含的命令及其功能与插入音频时的播放器类似，如图 5-18 所示。

图 5-18　在幻灯片中插入视频

2. 插入录制的屏幕操作

除了插入现有的视频之外，还可以录制屏幕操作并将其插入到幻灯片中。开始录制前，需要先将要录制的内容置于最上层，然后切换到 PowerPoint 窗口，在功能区的"插入"选项卡中单击"屏幕录制"按钮，如图 5-19 所示。

图 5-19　单击"屏幕录制"按钮

将在屏幕上方显示一个工具栏，此时整个屏幕呈现灰蒙状态，需要单击工具栏上的"选择区域"按钮，然后拖动鼠标指针在屏幕上选择要录制的范围，选择后使用红色虚线表示录制范围的边界，如图 5-20 所示。如需在录制的操作中包含声音和鼠标指针，可以在工具栏中单击"音频"和"录制指针"两个按钮。

图 5-20　选择要录制的区域范围

> **提示**　如果选择了错误的范围，则可以单击"选择区域"按钮，重新选择要录制的范围。

完成以上设置后，单击工具栏中的"录制"按钮，PowerPoint 窗口会自动最小化，开始录制用户在屏幕中的操作。录制过程中可以随时按 Windows+Shift+Q 快捷键结束录制。结束录制后，录制的内容会被自动插入当前幻灯片中。

5.2.2　删除视频中的无用部分

如果只需要视频中的一部分内容，则可以通过剪裁视频将无用部分删除，方法与剪裁音频类似，在幻灯片中单击要剪裁的视频，然后在功能区的"视频工具|播放"选项卡中单击"剪裁视频"按钮，如图 5-21 所示。打开"剪裁视频"对话框，上方显示视频画面，通过拖动下方的两个滑块对视频进行剪裁，如图 5-22 所示。

图 5-21 单击"剪裁视频"按钮　　　　图 5-22 "剪裁视频"对话框

5.2.3 快速从指定位置开始播放视频

如需快速从视频的特定位置开始播放,可以为视频创建书签,方法与为音频创建书签类似。只需在幻灯片中单击视频,然后在视频下方的进度条上的特定位置单击,再在功能区的"视频工具|播放"选项卡中单击"添加书签"按钮,就能在该位置创建一个以圆圈显示的书签,如图 5-23 所示。

图 5-23 为视频创建书签

以后可以在进度条上单击代表书签的圆圈,可从书签位置开始播放视频。如果为视频创建了多个书签,则可以使用 Alt+Home 快捷键或 Alt+End 快捷键在各个书签之间快速跳转。

如需删除视频上的书签,可以在进度条上单击代表书签的圆圈,然后在功能区的"视频工具|播放"选项卡中单击"删除书签"按钮。

5.2.4 设置视频的预览画面

在幻灯片中插入视频后,默认以视频中的第一帧作为视频的预览画面,预览画面就是在幻灯片中放置的视频显示的静态画面。使用 PowerPoint 中的"海报框架"功能,可以将视频中的任意一帧设置为视频的预览画面。

将第 8 张幻灯片中的视频的预览画面设置为该视频在第 30 秒左右的画面。

案例文件 \ 第 5 章 \ 设置视频的预览画面 原始文件 .pptx
案例文件 \ 第 5 章 \ 设置视频的预览画面 结果文件 .pptx
视频教程 \ 第 5 章 \ 设置视频的预览画面 .mp4

操作步骤如下:

(1)在幻灯片中单击视频,然后在视频下方的工具栏中使用光标单击或拖动进度条,找到第 30 秒左右的位置,如图 5-24 所示。

图 5-24 在进度条上找到第 30 秒左右的位置

(2)在功能区的"视频工具|格式"选项卡中单击"海报框架"按钮上的下拉按钮,然后在弹出的快捷菜单中选择"当前帧"命令,如图 5-25 所示,将视频中的当前画面设置为视频的预览画面,如图 5-26 所示。

图 5-25 选择"当前帧"命令

图 5-26 设置新的预览画面

如需使用特定的图片作为视频的预览画面，可以在图 5-25 所示的菜单中选择"文件中的图像"命令，然后选择所需的图片。

如需使视频的预览画面恢复为第一帧画面，可以在功能区的"视频工具 | 格式"选项卡中单击"标牌框架"按钮上的下拉按钮，然后在弹出的快捷菜单中选择"重置"命令。

5.2.5 自动全屏播放视频

放映课件时，只有切换到包含视频的幻灯片并单击时，才会开始播放视频。如需在切换到包含视频的幻灯片时自动播放视频，可以单击幻灯片中的视频，然后在功能区中的"视频工具 | 播放"选项卡中单击"开始"右侧的下拉按钮，在打开列表中选择"自动"，如图 5-27 所示。

如需在放映课件时使视频全屏显示，可以在功能区的"视频工具 | 播放"选项卡中勾选"全屏播放"复选框，如图 5-28 所示。

图 5-27 设置视频的播放方式

图 5-28 勾选"全屏播放"复选框

5.2.6 使用 Windows Media Player 播放视频

在课件中还可以使用 Windows Media Player 播放视频，操作步骤如下：

（1）选择要插入视频的幻灯片，然后在功能区的"开发工具"选项卡中单击"其他控件"按钮，如图 5-29 所示。

（2）打开"其他控件"对话框，选择"Windows Media Player"选项，然后单击"确定"按钮，如图 5-30 所示。

图 5-29 单击"其他控件"按钮

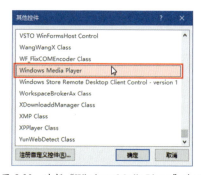
图 5-30 选择"Windows Media Player"选项

> **提示**
>
> 如果在功能区中没有显示"开发工具"选项卡，则可以使用本书第 2.1.7 小节介绍的方法将该选项卡添加到功能区中。

（3）在幻灯片中拖动鼠标指针绘制一个适当大小的 Windows Media Player 控件，然后右击该控件，在弹出的快捷菜单中选择"属性表"命令，如图 5-31 所示。

（4）打开"属性"对话框，单击"自定义"右侧的按钮，如图 5-32 所示。

图 5-31　选择"属性表"命令　　　　　　　图 5-32　单击"自定义"右侧的按钮

（5）打开"Windows Media Player 属性"对话框，在"常规"选项卡中单击"浏览"按钮，然后在打开的对话框中双击所需的视频文件，返回"Windows Media Player 属性"对话框，视频文件的完整路径被自动填入"文件名或 URL"文本框，如图 5-33 所示。

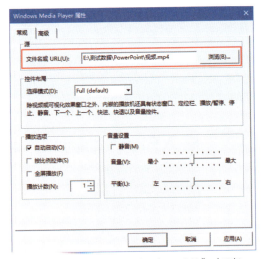

图 5-33　"Windows Media Player 属性"对话框

（6）确认无误后单击"确定"按钮，然后单击"属性"对话框右上角的 ，关闭该对话框。

以后放映课件时会自动播放 Windows Media Player 控件中的视频，如图 5-34 所示。如需全屏播放视频，可以在"Windows Media Player 属性"对话框的"常规"选项卡中勾选"全屏播放"复选框。

093

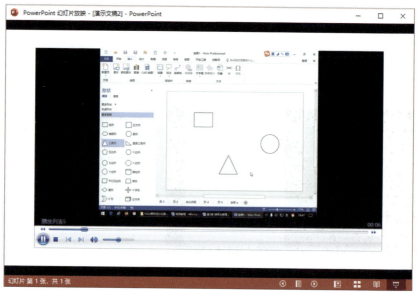

图 5-34　使用 Windows Media Player 播放视频

5.3　在课件中播放 Flash 动画

与使用 Windows Media Player 控件播放视频的方法类似，如需在 PowerPoint 中播放 .swf 格式的 Flash 动画，可以借助 Shockwave Flash Object 控件实现。现在要在幻灯片中插入一个 Flash 动画，放映课件时自动播放其中的动画，如图 5-35 所示。

图 5-35　在幻灯片中插入和播放 Flash 动画

案例文件 \ 第 5 章 \ 动画 .swf
案例文件 \ 第 5 章 \ 插入 Flash 动画 原始文件 .pptx
案例文件 \ 第 5 章 \ 插入 Flash 动画 结果文件 .pptx
视频教程 \ 第 5 章 \ 插入 Flash 动画 .mp4

操作步骤如下：

（1）选择要插入 Flash 动画的幻灯片，然后在功能区的"开发工具"选项卡中单击"其他控件"按钮。

（2）打开"其他控件"对话框，选择"Shockwave Flash Object"选项，然后单击"确定"按钮，如图 5-36 所示。

（3）在幻灯片中拖动鼠标指针绘制一个适当大小的 Flash 控件，然后右击该控件，在弹出的快捷菜单中选择"属性表"命令，如图 5-37 所示。

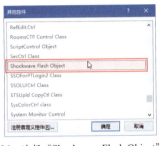

图 5-36　选择"Shockwave Flash Object"选项　　　图 5-37　选择"属性表"命令

（4）打开"属性"对话框，单击 Movie 属性，然后在其右侧输入要播放的 Flash 动画文件的完整路径，如图 5-38 所示。完成以上操作后，放映 PowerPoint 时会自动播放幻灯片中的 FLASH 动画。

> **技巧**
>
> 如果删除了 Flash 动画文件，则在下次打开并放映课件时，会因为找不到 .swf 文件而导致无法播放 Flash 动画。为了始终可以正常播放 Flash 动画，可以在"属性"对话框中将 EmbedMovie 属性设置为 True，将 Flash 动画保存到课件中，如图 5-39 所示。以后无论是否删除 .swf 文件，在 PowerPoint 中都可以正常播放 Flash 动画。

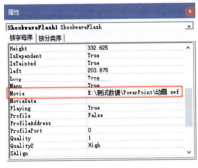
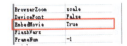

图 5-38　设置 Movie 属性　　　图 5-39　将 EmbedMovie 属性设置为 True

第6章
在课件中添加动画效果

　　PowerPoint 中的动画分为两种，一种是在放映课件时从一张幻灯片切换到另一张幻灯片显示的动画效果，另一种是为幻灯片中的各种对象设置的动画效果。无论哪种动画，都能增强课件的视觉效果，尤其对于一些演示性较强的课件来说，善用动画可以使教学内容生动直观，便于学生理解。本章将介绍在课件中添加和设置动画的方法。

6.1 设置幻灯片切换动画

幻灯片切换动画是在放映课件时，从一张幻灯片切换到另一张幻灯片时显示的过渡效果。用户可以为课件中的所有幻灯片设置统一的切换动画，也可以为各个幻灯片设置不同的切换动画。本节将介绍幻灯片切换动画和相关效果的设置方法。

6.1.1 使用预置的幻灯片切换动画

如需为幻灯片设置切换动画，可以在功能区的"切换"选项卡的"切换到此幻灯片"组中打开幻灯片切换动画库，然后选择所需的切换动画，如图 6-1 所示。此时设置的切换动画只作用于当前幻灯片。如需为多张幻灯片设置相同的切换动画，可以先选择这些幻灯片，然后选择所需的切换动画。

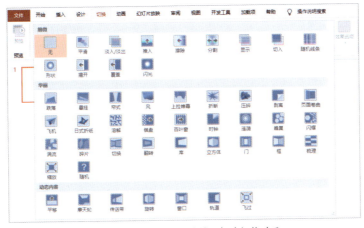

图 6-1 PowerPoint 预置的幻灯片切换动画

为幻灯片设置切换动画后，可以使用以下两种方法预览动画效果：
- 在功能区的"切换"选项卡中单击"预览"按钮，如图 6-2 所示。
- 在 PowerPoint 窗口左侧的导航窗格中，单击幻灯片编号下方的五角星标记，如图 6-3 所示。

图 6-2 单击"预览"按钮

图 6-3 单击五角星标记

有些切换动画包含特定的效果选项。例如，为幻灯片设置"分割"切换动画后，在功能区的"切换"选项卡中单击"效果选项"按钮，弹出如图6-4所示的菜单，其中的选项用于控制"分割"效果的展开和收缩方向。

图6-4 设置切换动画的效果选项

6.1.2 设置幻灯片的切换音效

为幻灯片设置切换动画后，可以为切换动画添加音效。选择要添加音效的幻灯片，然后在功能区的"切换"选项卡中打开"声音"下拉列表，从中选择所需的音效，如图6-5所示。

如果选择列表底部的"其他声音"命令，则可以在打开的对话框中选择.wav格式的声音文件作为幻灯片的切换音效。

图6-5 选择幻灯片的切换音效

6.1.3 设置幻灯片的切换速度

不同的幻灯片切换动画具有不同的播放持续时间。例如，"分割"切换动画的持续时间为1.5秒，"百叶窗"切换动画的持续时间为1.6秒。通过调整幻灯片切换动画的持续时间，可以间接控制幻灯片的切换速度。

选择已设置切换动画的幻灯片，然后在功能区的"切换"选项卡的"持续时间"文本框中，输入以"秒"为单位的时间或单击右侧的微调按钮进行设置。图6-6所示的持续时间为"01.50"，它表示1.5秒。

图6-6　设置幻灯片切换动画的播放持续时间

6.1.4　设置幻灯片的切换方式

放映课件时，单击或按Enter键，都会从当前幻灯片切换到下一张幻灯片。如需按照指定的时间间隔自动切换幻灯片，可以在功能区的"切换"选项卡中勾选"设置自动换片时间"复选框，然后在其右侧的文本框中输入以"秒"为单位的时间，如图6-7所示。

图6-7　设置幻灯片的切换方式

> **提示**
> 如需重新改为手动切换的方式，可以勾选"单击鼠标时"复选框，同时取消对"设置自动换片时间"复选框的勾选。如果这两个复选框同时处于选中状态，则只有"设置自动换片时间"复选框有效。

6.1.5　为所有幻灯片设置相同的切换动画

用户通常不会只为一个课件中的某张幻灯片设置切换动画，而是为所有幻灯片设置切换动画。为了提高操作效率，可以先为任意一张幻灯片设置所需的切换动画，以及音效、持续时间和切换方式，然后在功能区的"切换"选项卡中单击"应用到全部"按钮，就能为其他幻灯片也设置完全相同的切换动画及相关选项，如图6-8所示。

图6-8　单击"应用到全部"按钮

6.1.6　删除幻灯片切换动画

如需删除为幻灯片设置的切换动画，可以选择该幻灯片，然后在功能区的"切换"选项卡中打开幻灯片切换动画库，从中选择"无"选项，如图6-9所示。

图 6-9 选择"无"选项

如果为切换动画设置了音效,则可以在功能区的"切换"选项卡中打开"声音"下拉列表,然后选择"无声音"选项,可将幻灯片切换时的音效删除,如图 6-10 所示。

图 6-10 选择"无声音"选项

如需删除所有幻灯片的切换动画及其相关效果,可以在针对任意一张幻灯片完成上述两项操作之后,在功能区的"切换"选项卡中单击"应用到全部"按钮。

6.2 为幻灯片中的对象设置动画

虽然前面介绍的幻灯片切换动画也是动画中的一种,但是在 PowerPoint 中设置的动画主要是指为幻灯片中的对象设置的动画,这些对象就是幻灯片中的内容,包括文字、表格、图片、图表、形状、音频、视频等。用户可以为对象设置种类丰富的动画,组合运用各类动画,还可以实现很多意想不到的效果。本节将介绍为幻灯片中的对象设置动画的方法。

6.2.1 为对象设置一个动画

为对象设置动画前,需要先选择对象。不同类型的对象有不同的选择方法,具体如下:

- 如需为占位符或文本框中的文本设置动画时,只需单击占位符或文本框的内部,而无须选择占位符或文本框。
- 如需为表格设置动画时,只需单击表格中的任意一个单元格,无须选择整个表格。
- 如需为图片、形状、音频、视频等对象设置动画时,只需单击它们将其选中。

选择好要设置动画的对象后,在功能区的"动画"选项卡中打开对象动画库,然后选择所需的动画,如图 6-11 所示。对象动画有 4 种类型:进入、强调、退出、动作路径。所有动画并非都适用于任何一个对象,例如可以为占位符或文本框中的文字设置"强调"类别中的"加粗闪烁"动画,但是不能为图片设置该动画。

如果对象动画库中的动画无法满足需求,则可以选择位于库底部的几个命令。例如,选择"更多进入效果"命令,将打开"更改进入效果"对话框,在此处可以选择比对象动画库更多的"进入"类动画,如图 6-12 所示。

图 6-11 对象动画库中的动画

为对象设置动画后,将在该对象的左上角显示一个数字,该数字表示该动画在其所在的幻灯片中的动画编号,编号的大小决定播放动画的先后顺序。如图 6-13 所示,顶部的标题和下方的表格都有各自的动画编号,标题的动画编号为 1,表格的动画编号为 2,播放动画时,先播放为标题设置的动画,再播放为表格设置的动画。

图 6-12 选择更多的"进入"类动画 　　图 6-13 动画编号决定动画的播放顺序

提示

如果为对象设置动画后,对象的左上角没有显示动画编号,则可能是由于在功能区中当前显示的不是"动画"选项卡,只需激活该选项卡,对象上的动画编号就会显示出来。

如需更改对象上的动画，可以选择该对象，然后在功能区的"动画"选项卡中打开对象动画库，从中选择所需的动画替换原来的动画。

如需预览对象上的动画，可以选择对象所在的幻灯片，然后使用以下两种方法：

- 在功能区的"动画"选项卡中单击"预览"按钮，如图 6-14 所示。
- 在导航窗格中单击幻灯片编号下方的五角星标记，如图 6-3 所示。

图 6-14 单击"预览"按钮

6.2.2 为对象设置多个动画

如需实现比较复杂的动画效果，通常需要在一个对象上设置多个动画，并合理安排这些动画的播放顺序和时长。当需要为一个对象设置多个动画时，第一个动画的设置方法与 6.2.1 小节介绍的相同，而为该对象设置其他动画时，需要在功能区的"动画"选项卡中单击"添加动画"按钮，然后在打开的动画列表中选择所需的动画，如图 6-15 所示。

为一个对象设置多个动画后，将在该对象的左上角显示多个动画编号，编号的顺序就是动画的播放顺序，如图 6-16 所示。

单击对象左上角的动画编号，将在对象动画库中自动选中对应的动画，以便了解每个编号对应于哪个动画，如图 6-17 所示。

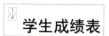

图 6-16 编号的数量表示对象拥有的动画数量

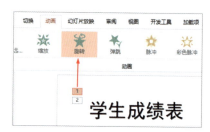

图 6-15 单击"添加动画"按钮后选择所需的动画

图 6-17 查看编号对应的动画

为一个对象设置多个动画后，如需修改其中的某个动画，可以单击该动画的编号，然后在对象动画库中选择所需的动画。

如图 6-18 所示，放映幻灯片时，单击将以百叶窗的形式显示表格，再次单击表格将慢慢消失。

案例文件 \ 第 6 章 \ 为对象设置多个动画 原始文件 .pptx
案例文件 \ 第 6 章 \ 为对象设置多个动画 结果文件 .pptx
视频教程 \ 第 6 章 \ 为对象设置多个动画 .mp4

图 6-18　为表格设置动画

操作步骤如下：

（1）单击表格中的任意一个单元格，然后在功能区的"动画"选项卡中打开对象动画库，从中选择"更多进入效果"命令，如图 6-19 所示。

（2）打开"更改进入效果"对话框，选择"百叶窗"，然后单击"确定"按钮，如图 6-20 所示。

图 6-19　选择"更多进入效果"命令　　　　图 6-20　选择"百叶窗"

（3）再次单击表格中的任意一个单元格，然后在功能区中的"动画"选项卡中单击"添加动画"按钮，在打开的列表中选择"退出"类别中的"淡化"动画，如图 6-21 所示。

设置完成后，表格的左上角会显示两个编号，表示该表格包含两个动画，如图 6-22 所示。

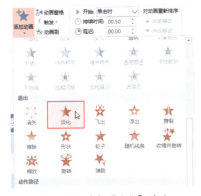

图 6-21　选择"淡化"动画　　　　图 6-22　设置的动画以编号的形式显示在表格左上角

6.2.3 预览动画的播放效果

图 6-23 单击"预览"按钮播放动画

为幻灯片中的对象设置动画时，会自动显示动画的播放效果。以后如需查看动画的播放效果，可以选择包含动画的幻灯片，然后在功能区的"动画"选项卡中单击"预览"按钮，如图 6-23 所示。

如果幻灯片中包含多个动画，但是不想从头查看每一个动画的播放效果，而只想从特定的某个动画开始播放，此时可以使用动画窗格。选择包含动画的幻灯片，然后在功能区的"动画"选项卡中单击"动画窗格"按钮，如图 6-24 所示。

打开如图 6-25 所示的动画窗格，其中包含以下几类信息：

- 列出当前幻灯片中包含的所有动画，并以不同的颜色区分"进入""强调""退出"等动画类别。
- 每个动画都有一个编号，该编号与对象左上角的动画编号相对应。
- 编号右侧的鼠标符号表示动画的播放方式，图 6-25 中的鼠标符号表示单击时才播放动画。如果设置为其他播放方式，则会以不同的符号表示。
- 每个动画的右侧有一个矩形条，其颜色表示动画的类别，其长度表示动画播放时的持续时间。窗格底部的标尺表示时间，可以此判断每个矩形条的时长。

图 6-24 单击"动画窗格"按钮

图 6-25 动画窗格

在动画窗格的上方有一个按钮，单击该按钮可以预览动画的播放效果。该按钮的名称会根据用户在窗格中选择的动画数量而有所不同，分为以下几种情况：

- "全部播放"按钮，未选择任何动画时，按钮的名称显示为"全部播放"，单击该按钮将按照动画的编号顺序播放窗格中的所有动画。
- "播放自"按钮，只选择一个动画时，按钮的名称显示为"播放自"，单击该按钮将从选中的动画开始播放该动画及其下方的所有动画，如图 6-26 所示。
- "播放所选项"按钮，选择两个或多个动画时，按钮的名称显示为"播放所选项"，单击该按钮将播放选中的动画，如图 6-27 所示。

> **提示**
>
> 单击窗格中的动画可将其选中，此时幻灯片中的该动画编号也会被选中。使用光标单击并配合 Ctrl 键或 Shift 键可以选择多个动画。如需选择所有动画，可以按 Ctrl+A 快捷键。如果不想选择任何动画，则应单击窗格中的空白处。

图 6-26　选择一个动画时的"播放自"按钮　　　图 6-27　选择多个动画时的"播放所选项"按钮

6.2.4　调整动画的播放顺序

如果在一张幻灯片中包含多个动画，则可以随时通过调整这些动画的播放顺序，从而改变整体播放效果。调整动画的播放顺序有以下两种方法：

- 在动画窗格中选择要调整顺序的一个或多个动画，然后单击 ▲ 或 ▼ 按钮。
- 使用光标将动画拖动到目标位置，拖动时显示的横线表示当前拖动到的位置，如图 6-28 所示。

图 6-28　使用光标拖动动画

6.2.5　自定义设置动画的播放方式

为幻灯片中的对象设置的每一个动画都有默认的行为方式，包括动画开始播放的方式、播放前的等待时间、动画播放的持续时间等。为对象添加动画后，通过设置这些选项，可以精确控制动画的播放方式，从而创建出符合要求的动画。可以使用以下两种方法设置动画的播放方式：

- 在幻灯片或动画窗格中选择一个动画，然后可以在功能区的"动画"选项卡中设置该动画的部分选项，如图 6-29 所示。
- 如需设置动画的所有选项，可以在动画窗格中右击要设置的动画，在弹出的快捷菜单中选择"效果选项"或"计时"命令，如图 6-30 所示，然后在打开的对话框中对动画的相关选项进行详细设置，如图 6-31 所示。

105

图 6-29 在功能区中设置动画的部分选项

图 6-30 选择"效果选项"或"计时"命令

图 6-31 在对话框中设置动画的全部选项

"效果"选项卡中的选项会根据当前设置的动画类型而有所不同,"计时"选项卡中的选项通常不受动画类型的影响。下面主要介绍"计时"选项卡中的选项。

- 开始:设置动画开始播放的方式,分为"单击时""与上一动画同时"和"上一动画之后"3 种,默认为"单击时",表示只有在用户单击时才播放动画。如需自动播放动画,可以选择其他两项,"与上一动画同时"选项表示当前动画与上一个动画同时播放,"上一动画之后"选项表示当前动画在上一个动画播放完之后才开始播放。
- 延迟:设置在开始播放当前动画之前需要等待的时间,以"秒"为单位。
- 期间:设置动画播放的持续时间,可将其看作是动画的播放速度,以"秒"为单位。
- 重复:设置动画是否循环播放以及循环的次数。

为文本、图表、SmartArt 等对象设置动画时,会在对话框中动态显示针对这几种对象的选项卡,其中包含与特定对象相关的选项,如图 6-32 所示。

- 文本动画:为占位符、文本框和艺术字设置动画时会显示"文本动画"选项卡,其中的选项用于设置文本在动画中的显示方式。
- 图表动画:为图表设置动画时会显示"图表动画"选项卡,其中的选项用于设置图表中的所有图形在动画中的显示方式。

- SmartArt 动画：为 SmartArt 设置动画时会显示 "SmartArt 动画" 选项卡，其中的选项用于设置 SmartArt 中的所有图形在动画中的显示方式。

图 6-32　设置文本动画、图表动画和 SmartArt 动画

如图 6-33 所示，为图表设置动画，放映课件时，每次单击会逐个显示代表一个学生 3 个科目成绩的图形。

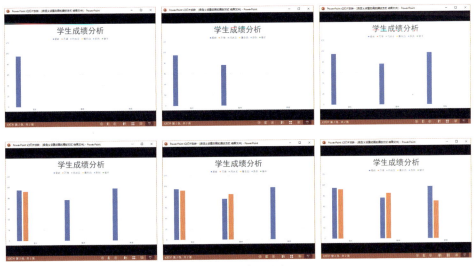

图 6-33　为图表设置动画

案例文件 \ 第 6 章 \ 自定义设置动画的播放方式　原始文件 .pptx
案例文件 \ 第 6 章 \ 自定义设置动画的播放方式　结果文件 .pptx
视频教程 \ 第 6 章 \ 自定义设置动画的播放方式 .mp4

操作步骤如下：

（1）在幻灯片中选择图表，然后在功能区的"动画"选项卡中打开对象动画库，从中选择"进入"类别中的"飞入"动画，为整个图表设置该动画，如图 6-34 所示。

图 6-34　选择"飞入"动画

（2）在功能区的"动画"选项卡中单击"动画窗格"按钮，打开动画窗格，右击其中的动画，在弹出的快捷菜单中选择"效果选项"命令，如图 6-35 所示。

（3）在打开的对话框中切换到"图表动画"选项卡，然后在"组合图表"下拉列表中选择"按系列中的元素"选项，最后单击"确定"按钮完成设置，如图 6-36 所示。

图 6-35　选择"效果选项"命令　　　　图 6-36　选择"按系列中的元素"选项

6.2.6　快速复制现有动画

PowerPoint 中的"动画刷"功能用于快速将一个对象上的动画复制给另一个对象，操作方法类似于 Word 中的格式刷。使用动画刷之前，需要先单击包含要复制的动画所在的对象，然后在功能区中"动画"选项卡中单击"动画刷"按钮，如图 6-37 所示。

在鼠标指针附近将出现一个刷子形状的图标，如图 6-38 所示，此时单击另一个对象，可为该对象设置所复制的动画。

图 6-37　单击"动画刷"按钮　　　图 6-38　鼠标指针附近出现一个刷子形状的图标

如需将一个对象上的动画复制给多个对象，可以在功能区中双击"动画刷"按钮，然后依次单击要将动画复制给的每一个对象。当不想继续复制动画时，可以按 Esc 键。

6.2.7　删除对象上的动画

删除对象上的动画有以下两种方法：

- 激活功能区中的"动画"选项卡，在幻灯片中单击要删除的动画编号，然后按 Delete 键。如需删除多个动画，可以在单击一个动画编号之后，按住 Ctrl 键继续单击其他动画编号，然后按 Delete 键。

- 打开动画窗格，右击要删除的动画，在弹出的快捷菜单中选择"删除"命令，如图6-39所示。如果在动画窗格中选择了多个动画，可以右击选中的任意一个动画，然后在弹出的快捷菜单中选择"删除"命令，就可删除所有选中的动画。

图6-39 选择"删除"命令

第7章
在课件中使用交互功能

通过在课件中添加交互功能，可以使课件操作起来更加方便智能，使课件看起来更像一个独立的程序，更具专业性。本章将介绍使用超链接、动作、触发器3种功能为课件设计交互功能的方法。

7.1 使用超链接设计交互功能

PowerPoint 中的"超链接"功能与网页中的超链接类似。在 PowerPoint 中单击设置了超链接的对象，会自动跳转到预先指定的幻灯片或在浏览器中打开预先指定的网址。本节将介绍在课件中使用超链接实现交互功能的方法。

7.1.1 跳转到当前课件中的特定幻灯片

制作课件时通常会有一个导航页，其中包含一些标题，单击这些标题可以跳转到对应的幻灯片。用户通过为导航页中的标题设置超链接，可以实现幻灯片的跳转功能。

如图 7-1 所示，课件包含 5 张幻灯片，第二张幻灯片是导航页，分别单击其中的 3 个标题时，可以分别跳转到第 3 张、第 4 张、第 5 张幻灯片。

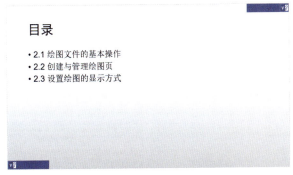

图 7-1 为导航页中的标题设置超链接

案例文件 \ 第 7 章 \ 跳转到当前课件中的特定幻灯片 原始文件 .pptx
案例文件 \ 第 7 章 \ 跳转到当前课件中的特定幻灯片 结果文件 .pptx
视频教程 \ 第 7 章 \ 跳转到当前课件中的特定幻灯片 .mp4

操作步骤如下：

（1）选择第 2 张幻灯片，然后选择其中的"2.1 绘图文件的基本操作"文字。右击选中的文字，在弹出的快捷菜单中选择"超链接"命令，如图 7-2 所示。

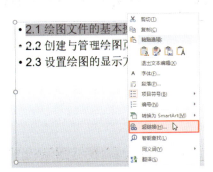

图 7-2 选择"超链接"命令

(2)打开"插入超链接"对话框,在左侧的"链接到"中选择"本文档中的位置",然后在"请选择文档中的位置"列表框中选择如图 7-3 所示的选项,它是课件中的第 3 张幻灯片。

(3)单击"确定"按钮,关闭"插入超链接"对话框,第一步选中的文字将变为蓝色,并在文字的下方出现蓝色线条,以此来表示该文字是一个超链接,如图 7-4 所示。

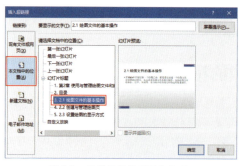

图 7-3 设置要链接到的幻灯片　　　　　　图 7-4 为第一个标题设置超链接

(4)使用类似的方法为导航页中的其他两个标题设置超链接,将第 2 个标题链接到第 4 张幻灯片,将第 3 个标题链接到第 5 张幻灯片,如图 7-5 所示。

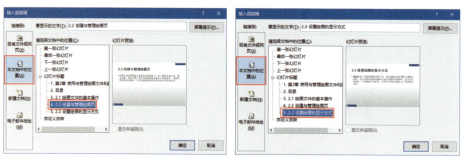

图 7-5 为其他两个标题设置超链接

(5)单击状态栏中的 按钮,从当前幻灯片开始放映。由于当前正在编辑第二张幻灯片,因此在屏幕上当前放映的正是该幻灯片。将鼠标指针指向其中的任意一个标题,鼠标指针会变为手的形状,如图 7-6 所示。此时单击标题即可自动跳转到预先指定的幻灯片。

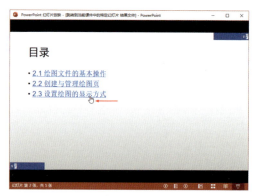

图 7-6 放映时单击超链接可以跳转幻灯片

> **提 示**
> 实际上无须放映课件，就可以测试超链接的跳转功能，只需按住 Ctrl 键时单击超链接即可。

除了为文字设置超链接之外，用户还可以为图片、形状、图表等对象设置超链接，它们的设置方法与文字类似。

7.1.2 跳转到其他课件中的幻灯片

除了在单击标题时跳转到当前课件中的幻灯片之外，还可以跳转到其他课件中的幻灯片，两种跳转方式的设置方法类似。

如需在单击超链接时跳转到其他课件中的幻灯片，可以在"插入超链接"对话框的"链接到"中选择"现有文件或网页"，然后选择"当前文件夹"，并在中间的列表框中选择所需的课件，再单击"书签"按钮，如图 7-7 所示。

> **注 意**
> 如果选择的不是 PowerPoint 文件，在单击超链接时，将在相应的程序中打开该文件。例如，如果选择的是一个 Word 文件，则会在 Word 程序中打开该文件。

打开"在文档中选择位置"对话框，选择要跳转到的幻灯片，然后单击"确定"按钮，如图 7-8 所示。

图 7-7 选择所需的课件并单击"书签"按钮

图 7-8 选择要跳转到的幻灯片

> **提 示**
> 选择要跳转到的幻灯片后，在"插入超链接"对话框的"地址"文本框中会自动填入由以下几个部分组成的文本，它表示所选幻灯片的地址，以便可以在单击超链接时找到目标幻灯片，如图 7-9 所示。

课件的路径和文件名 +# 幻灯片编号 + 幻灯片中的标题

图 7-9 表示目标幻灯片地址的文本

7.1.3 单击网址自动在浏览器中打开网页

在课件中也可以将超链接设置为一个网址，放映课件时单击超链接，将自动在浏览器中打开预先指定的网址。如需实现此功能，可以在"插入超链接"对话框中选择"现有文件或网页"，然后在"地址"文本框中输入所需的网址，例如"http://www.tup.tsinghua.edu.cn"，最后单击"确定"按钮，如图 7-10 所示。

图 7-10 将超链接设置为网址

7.1.4 为超链接添加屏幕提示

为了使超链接的作用更加明确，可以为超链接设置屏幕提示，将鼠标指针指向超链接时，会自动显示设置的屏幕提示。图 7-11 所示的"单击将跳转到第 3 张幻灯片"文字就是超链接的屏幕提示。

如需设置屏幕提示，可以单击"插入超链接"对话框右上角的"屏幕提示"按钮，然后在打开的对话框中设置，如图 7-12 所示。

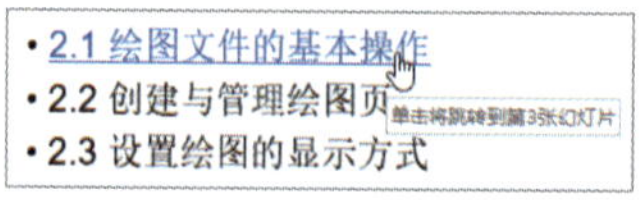

- 2.1 绘图文件的基本操作
- 2.2 创建与管理绘图页
- 2.3 设置绘图的显示方式

图 7-11 为超链接设置屏幕提示

图 7-12 输入作为屏幕提示的文字

7.1.5 修改和删除超链接

设置超链接后，用户可以随时修改超链接指向的内容，只需右击要修改的超链接，在弹出的快捷菜单中选择"编辑链接"命令，如图 7-13 所示，然后在打开的"编辑超链接"对话框中修改超链接的设置即可，该对话框与"插入超链接"对话框基本相同。

图 7-13 选择"编辑链接"命令

如需删除为对象设置的超链接，可以右击该对象，在弹出的快捷菜单中选择"删除链接"命令。

7.2 使用动作设计交互功能

"动作"是 PowerPoint 中的一个功能，它与超链接有很多相似之处，使用它们都可以实现跳转幻灯片、打开文件、打开网页等功能。然而，使用动作还可以实现更多功能，例如运行应用程序或 VBA 代码。使用动作设置的操作不仅可以像超链接一样在单击时执行，还可以在鼠标指针指向对象时自动执行，两种方式的设置方法相同。本节将介绍在课件中使用动作实现交互功能的方法。

7.2.1 跳转幻灯片

与超链接类似，用户使用动作也可以实现跳转幻灯片的功能，但是提供了更灵活的选项。可以为文字、图片、形状、图表等对象设置动作，然后可以通过单击这些对象来执行在动作中指定的操作。

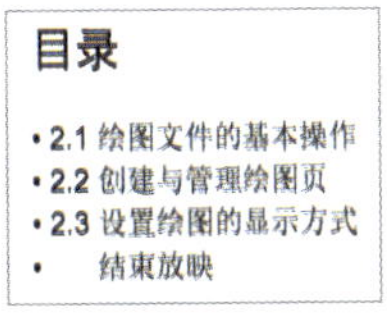

如图 7-14 所示，与 7.1.1 小节中的案例类似，但是本案例在第 2 张幻灯片中添加了"结束放映"文字，现在要实现在放映时单击该文字即可结束放映。

图 7-14 为"结束放映"文字设置动作

案例文件 \ 第 7 章 \ 跳转幻灯片 原始文件 .pptx
案例文件 \ 第 7 章 \ 跳转幻灯片 结果文件 .pptx
视频教程 \ 第 7 章 \ 跳转幻灯片 .mp4

操作步骤如下：

（1）选择第 2 张幻灯片，然后选择其中的"结束放映"文字，在功能区的"插入"选项卡中单击"动作"按钮，如图 7-15 所示。

（2）打开"操作设置"对话框，在"单击鼠标"选项卡中选中"超链接到"单选按钮，然后在其下方的下拉列表中选择"结束放映"选项，如图 7-16 所示。

图 7-15 单击"动作"按钮　　　　　图 7-16 选择"结束放映"选项

> **提 示**
>
> "鼠标悬停"选项卡中的选项与"单击鼠标"选项卡中的选项完全相同，唯一区别是执行动作的方式不同。为了避免重复，本节主要介绍"单击鼠标"选项卡的设置方法。

（3）单击"确定"按钮，关闭"操作设置"对话框。放映课件时，单击"结束放映"文字会立刻结束放映。

在选中"超链接到"单选按钮下方的下拉列表中包含多个选项，用户可以根据要实现的幻灯片切换方式选择所需的选项。如需选择特定的某张幻灯片时，可以选择图 7-16 中的"幻灯片"选项，然后在打开的对话框中选择所需的幻灯片，如图 7-17 所示。

如需为形状设置动作，可以在功能区的"插入"选项卡中单击"形状"按钮，在打开的列表中有一个"动作按钮"类别，如图 7-18 所示。将这些形状添加到幻灯片中时，会自动打开"操作设置"对话框，便于用户为它们设置所需的操作。使用这些形状就不需要用户在功能区中单击"动作"按钮了，而且形状中还自带图形符号，具有更好的标示作用。

图 7-17 选择特定的某张幻灯片　　　　图 7-18 "动作按钮"类别中的形状

7.2.2 打开网页

如图7-19所示,放映课件时单击"清华大学出版社"几个字,将自动在浏览器中打开清华大学出版社网站。

案例文件 \ 第 7 章 \ 打开网页 原始文件 .pptx
案例文件 \ 第 7 章 \ 打开网页 结果文件 .pptx
视频教程 \ 第 7 章 \ 打开网页 .mp4

操作步骤如下:

(1)在幻灯片中选择"清华大学出版社"几个字,然后在功能区的"插入"选项卡中单击"动作"按钮。

(2)打开"操作设置"对话框,在"单击鼠标"选项卡中选中"超链接到"单选按钮,然后在下方的下拉列表中选择"URL…"选项,如图7-20所示。

图 7-19 为"清华大学出版社"文字设置动作

图 7-20 选择"URL…"选项

(3)打开"超链接到URL"对话框,在文本框中输入所需的网址,然后单击"确定"按钮,如图7-21所示。

(4)返回"操作设置"对话框,在"超链接到"单选按钮下方将显示第三步设置的网址,如图7-22所示。确认无误后单击"确定"按钮。

图 7-21 输入网址

图 7-22 设置网址完成

7.2.3 打开文件

如需使用动作打开特定的文件,可以在"操作设置"对话框的"单击鼠标"选项卡中选中"超链接到"单选按钮,在其下方的下拉列表中选择"其他文件…"选项,如图 7-23 所示,然后在打开的对话框中双击要打开的文件即可。

提示

如果选择"其他 PowerPoint 演示文稿…"选项,则需要在选择 PowerPoint 文件后,再选择要跳转到的幻灯片,此时实现的功能与 7.1.2 小节相同。

图 7-23 选择"其他文件…"选项

7.2.4 运行程序

使用动作可以运行指定的程序,而超链接不具备此功能。如需使用动作运行指定的程序,用户可以在"操作设置"对话框的"单击鼠标"选项卡中选中"运行程序"单选按钮,然后单击右侧的"浏览"按钮,如图 7-24 所示,再在打开的对话框中双击要运行的程序。

注意

运行程序前可能会显示如图 7-25 所示的对话框,单击"启用"按钮将运行该程序,单击"禁用"按钮则禁止运行程序。

图 7-24 选中"运行程序"单选按钮并单击"浏览"按钮

图 7-25 运行程序前的安全警告

7.2.5 为动作添加音效和视觉效果

为对象设置动作时,为了获得更好的效果,用户可以为动作设置音效和视觉效果。打开"操作设置"对话框,在"单击鼠标"选项卡中包含"播放声音"和"单击时突出显示"两个复选框。勾选这两个复选框,并在它们之间的下拉列表中选择一种音效,如图 7-26 所示,以后单击对象时,将会播放音效并突出显示对象。"鼠标悬停"选项卡中的设置与此相同。

图 7-26　为动作设置音效和视觉效果

> **提示**
>
> 如需使用自己收集的音效,可以在"播放声音"复选框下方的下拉列表中选择"其他声音"命令,然后在打开的对话框中双击要使用的 .wav 格式的声音文件,设置方法与 6.1.2 小节中的幻灯片切换音效相同。

7.3　使用触发器设计交互功能

与本章前面介绍的超链接和动作不同,触发器是 PowerPoint 动画中的一种功能,可以实现在单击对象时播放预先指定的动画、音频或视频,可以作为触发器的对象包括占位符、文本框、艺术字、图片、形状、表格、图表、SmartArt 等。

如图 7-27 所示,幻灯片中有一个占位符和一个形状,占位符中包含"触发器"文字,并为其设置了名为"缩放"的动画效果,形状中包含"显示标题"文字。放映课件时默认只显示形状,不显示文字,只有当用户单击形状时,才会显示占位符中的文字。

案例文件 \ 第 7 章 \ 使用触发器设计交互功能　原始文件 .pptx
案例文件 \ 第 7 章 \ 使用触发器设计交互功能　结果文件 .pptx
视频教程 \ 第 7 章 \ 使用触发器设计交互功能 .mp4

操作步骤如下:
(1)单击占位符的内部,然后在功能区的"动画"选项卡中单击"触发"按钮,在弹出的快捷菜单中选择"通过单击"命令,再在下一级子菜单中选择矩形的名称,此处为"矩形 3",如图 7-28 所示。

图 7-27　使用触发器设计交互功能　　　　　图 7-28　设置触发器

（2）按 F5 键放映课件，默认只显示形状，不显示占位符中的文字，如图 7-29 所示。

（3）单击形状后，会自动显示占位符中的文字，如图 7-30 所示。

图 7-29　放映时默认不显示占位符中的文字　　图 7-30　单击形状后显示占位符中的文字

第 8 章
使用线条和形状增强课件的显示效果

制作课件时，线条和形状可能是容易被忽视的对象，虽然它们在课件中不会占据主导地位，但是善用这两种对象，可以增强课件的显示效果。本章将介绍线条和形状的创建和设置方法，以及它们在课件中的常见应用。

8.1 使用线条

本节首先介绍创建和设置线条的方法，然后介绍线条在课件制作中的一些常见用法，包括使用线条标注重点、使用线条引导阅读视线、使用线条划分区域等。

8.1.1 创建线条

在 PowerPoint 中可以创建不同类型的线条，例如直线、曲线、一端或两端带有箭头的直线或曲线等。用户通过设置线条的格式，还可以创建出虚线、点划线等类型的线条。

如需在幻灯片中创建线条时，可以在功能区的"插入"选项卡中单击"形状"按钮，然后在打开的列表中选择"线条"类别中的选项，如图 8-1 所示。

选择不同类型的线条时，鼠标指针会变为不同的形状，绘制方法也有所区别，有以下几种：

- 如果选择的是"自由曲线"，则鼠标指针将变为笔的形状，此时在幻灯片中拖动鼠标指针，可绘制曲线，释放鼠标按键将完成绘制。
- 如果选择的是"曲线"或"形状"，则鼠标指针将变为十字形，此时在幻灯片中多次单击不同的位置，可绘制一条由单击过的点拟合出的曲线或多边形。如果最后一次单击的位置与第一次单击的位置重合，则将创建闭合形状。
- 如果选择的是除了上面 3 种之外的其他线条类型，则鼠标指针也将变为十字形，此时在幻灯片中拖动鼠标指针，可绘制相应类型的线条。

> **提示**
> 将鼠标指针移动到某个线条选项时，会自动显示线条的名称。

图 8-2 所示为绘制的不同类型的线条。第一行的左侧是使用"直线"绘制的线条，右侧是使用"曲线"绘制的线条；第二行的左侧是使用"直线"绘制的一端带有箭头的线条，右侧是使用"形状"绘制的线条；第三行是使用"自由曲线"绘制的线条。

图 8-1 在"线条"类别中选择线条类型

图 8-2 在幻灯片中绘制不同类型的线条

在"线条"类别中有几个连接符，如图 8-3 所示，使用它们可以连接两个对象，这些对象不仅可以是形状，还可以是图片、文本框、艺术字、表格、图表、音频、视频等。

使用连接符连接两个对象的操作步骤如下：

（1）在"线条"类别中选择一种连接符，然后将鼠标指针移动到要连接的第一个对象的范围内，此时会在该对象的四周显示可用的连接点，如图8-4所示。

图8-3 "线条"类别中的连接符

图8-4 对象四周的连接点

对象四周的连接点与选中对象时的控制点具有不同的外观。

（2）单击其中一个连接点并拖动鼠标指针，绘制出一个连接符，它的起始端自动连接到刚才单击的连接点。

（3）继续按住鼠标左键，将鼠标指针拖动到另一个对象的边框上，此时会在该对象的四周显示可用的连接点，如图8-5所示。

（4）单击其中一个连接点，将连接符的另一端连接到该连接点，从而完成两个对象之间的连接，如图8-6所示。如需调整连接符的位置，可以单击连接符，然后拖动连接符上的黄色圆圈进行调整。

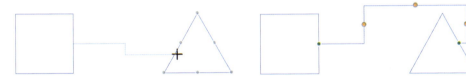

图8-5 显示另一个对象的连接点　　图8-6 完成两个对象的连接

实际上，不一定非要使用连接符才能连接对象，使用直线、自由曲线等类型的线条也可以连接对象，操作方法与连接符相同。它们之间的主要区别是，当改变使用连接符连接的对象的位置时，连接符会自动找到最佳路径以避免直接穿过对象，而使用其他线条连接对象时不具备该特性。

提 示

如需检查线条是否正确连接到对象上的连接点，可以单击两个对象之间的连接线，如果连接线的两端都显示绿色实心的圆点，则说明线条已经正确连接到对象上的连接点，反之则说明没有正确连接到连接点，如图8-6所示。

8.1.2 设置线条格式

线条格式包括线条的颜色、线型、粗细、端点形状等，通过设置这些格式，可以改变线条的外观。设置线条格式有以下两种方法：

- 选择线条，然后在功能区的"绘图工具|格式"选项卡中单击"形状轮廓"按钮，在打开的列表中设置线条的格式，如图 8-7 所示。
- 右击线条，在弹出的快捷菜单中选择"设置形状格式"命令，然后在打开的窗格中设置线条的格式，如图 8-8 所示。

图 8-7　在功能区中设置线条格式　　　　图 8-8　在窗格中设置线条格式

在幻灯片中绘制一个水平方向的红色线条，长度为 10 厘米，粗细为 6 磅，线条右侧的端点是一个燕尾箭头，如图 8-9 所示。

图 8-9　绘制的红色线条

| 案例文件 \ 第 8 章 \ 设置线条格式　原始文件 .pptx |
| 案例文件 \ 第 8 章 \ 设置线条格式　结果文件 .pptx |
| 视频教程 \ 第 8 章 \ 设置线条格式 .mp4 |

操作步骤如下：

（1）选择幻灯片中的线条，然后在功能区的"绘图工具|格式"选项卡中单击"形状轮廓"按钮，在打开的列表中选择"红色"，将线条的颜色设置为红色，如图 8-10 所示。

（2）再次打开第 1 步中的列表，选择其中的"粗细"，然后在打开的列表中选择"6 磅"，如图 8-11 所示。

（3）右击线条，在弹出的快捷菜单中选择"设置形状格式"命令，如图 8-12 所示。

（4）打开"设置形状格式"窗格，单击"结尾箭头类型"右侧的按钮，然后在打开的列表中选择"燕尾箭头"，如图 8-13 所示。

图 8-10 设置线条的颜色

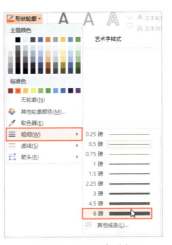

图 8-11 设置线条的粗细

图 8-12 选择"设置形状格式"命令

图 8-13 设置线条右侧端点的箭头类型

（5）选择线条，然后在功能区的"绘图工具 | 格式"选项卡中将线条的长度设置为 10 厘米，如图 8-14 所示。

图 8-14 设置线条的长度

8.1.3 使用线条标注重点

当需要演示复杂内容时，为了达到清晰说明的目的，用户可以使用线条对组成复杂内容的各个部分进行标注。图 8-15 所示就是这样一个示例，为了定位准确，将线条的一端设置为圆点。

本案例将线条的一端设置为圆点的方法与 8.1.2 小节中的案例类似，只需在"设置形状格式"

窗格中单击"开头箭头类型"右侧的按钮，然后在打开的列表中选择"圆形箭头"，如图8-16所示。

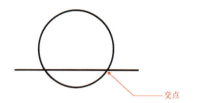

图8-15 使用一端带有圆点的线条标注重点

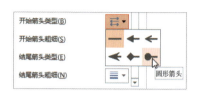

图8-16 将线条的一端设置为圆点

8.1.4 使用线条引导阅读视线

由于课程是有明确的方向性的，因此，可以使用一条带有箭头的直线贯穿所有课程名称，以此来引导学生的阅读视线，如图8-17所示。

图8-17 使用线条引导阅读视线

8.1.5 使用线条划分阅读区域

如图8-18所示，为了区分课程标题和课程简介，在它们之间添加了一条灰色线条，这样可以让课程标题和课程简介两者的界限分明。同时，由于灰色属于"无彩色"，不会因过于突出而影响内容的阅读。

图8-18 使用线条划分阅读区域

8.2 使用形状

与线条相比，由于形状是一个二维平面，所以拥有更多的发挥空间。例如，可以为形状设置不同的边框和填充效果，还可以为形状创建阴影、倒影、棱台等特效。本节将首先介绍创建和设置形状的基本方法，然后介绍形状在课件制作中的一些常见用法，包括使用图片纹理图案填充形状、组合使用形状和线条增加趣味感、利用形状划分版面等。

8.2.1 创建形状

在PowerPoint中可以创建大量的几何形状，以及各式各样的特殊形状，例如矩形、正方形、平行四边形、菱形、三角形、椭圆形、圆形、心形、十字形、箭头、星星、旗帜、公式符号、流程图专用的形状等。

与创建线条类似，创建形状时也需要在功能区的"插入"选项卡中单击"形状"按钮，然后在打开的列表中选择所需的形状选项，如图8-19所示。

选择一个形状选项，然后在幻灯片中拖动鼠标指针，可绘制出对应的形状。图8-20所示为绘制的正方形和圆形。

> **提示**
>
> PowerPoint没有提供正方形和圆形，如需绘制这两种形状，可以分别选择"矩形"和"椭圆形"，然后按住Shift键拖动鼠标指针即可。

如需快速绘制多个相同的形状，可以在形状列表中右击所需的形状选项，然后在弹出的快捷菜单中选择"锁定绘图模式"命令，如图8-21所示，此时可以在幻灯片中反复绘制同一种形状。当不再需要绘制该形状时，按Esc键退出锁定绘图模式即可。

图8-19 选择形状的类型

图8-20 绘制正方形和圆形

图8-21 选择"锁定绘图模式"命令

8.2.2 设置形状格式

由于形状是二维闭合图形，所以形状比线条拥有更多的格式选项，不但可以为形状的边框设置与线条类似的格式，还可以为由边框包围起来的闭合区域设置填充格式。与设置线条格式类似，设置形状格式也有以下两种方法：

- 选择形状，然后在功能区的"绘图工具 | 格式"选项卡中单击"形状轮廓"按钮，在打开的列表中设置形状的边框格式。如果单击"形状填充"按钮，则可以在打开的列表中设置形状的填充格式。
- 右击形状，在弹出的快捷菜单中选择"设置形状格式"命令，然后在打开的窗格中设置形状的边框和填充格式。

如图8-22所示，第一个形状是在PowerPoint中创建时的默认外观；第二个形状设置了红色填充，此时可以看到形状四周拥有蓝色的边框，但是边框很细；第三个形状不但设置了红色填充，还加粗了边框。

图8-22 设置形状格式

可以为形状设置的格式远远不止于此，使形状外观发生显著变化的方法主要是为形状设置填充效果，包括纯色、渐变色、图片、纹理、图案等多种填充方式。纯色和渐变色的填充方式将在8.2.3小节进行介绍，图片、纹理和图案的填充方式将在8.2.4小节进行介绍。

8.2.3 使用纯色或渐变色填充形状

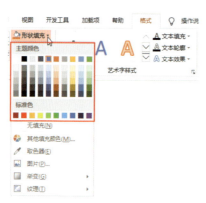

图8-23 为形状设置纯色填充

如需改变形状的外观，最简单的方法是为形状设置一种填充色，或者设置由两种或多种颜色组成的渐变色。

1. 纯色填充

如需为形状设置纯色填充，可以选择形状，然后在功能区的"绘图工具 | 格式"选项卡中单击"形状填充"按钮，在打开的列表中选择一种颜色，如图8-23所示。

颜色分为"主题颜色"和"标准色"两类，主题颜色是当前演示文稿正在使用的主题所具有的配色方案，不同的主题具有不同的配色方案。标准色是一个个独立的颜色，与当前使用的主题无关。主题的相关内容将在9.1节进行介绍。

如果没有找到合适的颜色，则可以在图8-23所示的列表中选择"其他填充颜色"命令，然后在打开的"颜色"对话框中选择所需的颜色，如图8-24所示。

2. 渐变色填充

渐变色是指从一种颜色向另一种颜色过渡，在两种颜色之间形成逐渐变化的效果。如需为

形状设置渐变色填充，可以先选择形状，然后在功能区的"绘图工具|格式"选项卡中单击"形状填充"按钮，在打开的列表中选择"渐变"，再在如图 8-25 所示的列表中选择一种预置的渐变色样式。图 8-26 是选择"浅色变体"类别中的 9 种渐变色样式之后的效果。

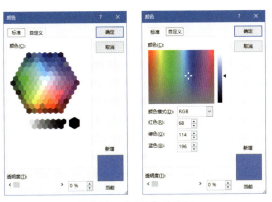

图 8-24　"颜色"对话框

图 8-25　选择预置的渐变色样式

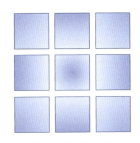

图 8-26　设置渐变色的效果

如果预置的渐变色样式无法满足使用需求，则可以在图 8-25 所示的列表中选择"其他渐变"命令，打开"设置形状格式"窗格，在"填充"类别中会自动选中"渐变填充"单选按钮，用户可以在下方自定义设置渐变色填充的相关选项，如图 8-27 所示。

渐变色填充包含大量的选项，各个选项的含义如下。

- 预设渐变：如果不熟悉渐变填充的设置方法，可以从预置的渐变方案中选择一种。
- 类型：渐变类型包括线性、射线、矩形、路径 4 种，选择不同的渐变类型会得到不同的渐变效果。
- 方向：可选择的方向由渐变类型决定，"线性"类型有 8 种方向，"射线"和"矩形"

类型有 5 种方向，"路径"类型没有方向。

- 角度：只有在选择"线性"类型时才能设置"角度"选项，选择不同的"方向"选项时，"角度"值会自动随之改变，也可以手动输入所需的角度值。
- 渐变光圈：渐变光圈用于设置渐变色填充包含的颜色数量，以及各个颜色之间的过渡方式。每一个光圈表示一种颜色，拖动光圈可以改变颜色的位置，从而调整颜色开始渐变的位置。和两个按钮用于添加或删除光圈。
- 颜色：如需为光圈设置颜色，需要先选择某个光圈，然后单击"颜色"按钮，在打开的列表中选择所需的颜色。
- 位置：设置光圈的位置，可设置的数值范围为 0～100%。拖动光圈时，"位置"值会自动随之改变。
- 透明度：调整颜色的透明度，可设置的数值范围为 0～100%，0 为不透明，100% 为完全透明，数值越大，透明度越高。将形状的透明度设置为 100% 时，会显示形状下方的对象。

图 8-27　自定义设置渐变色填充

- 亮度：设置颜色的明暗程度，可设置的数值范围为 -100%～100%。
- 与形状一起旋转：由于渐变色填充有方向之分，在旋转形状时，如果希望其中的渐变色填充效果始终与形状保持相同的方向，则需要勾选"与形状一起旋转"复选框。

在"设置形状格式"窗格中设置渐变色填充时，在幻灯片中会同步显示每一步设置的效果，按 Ctrl+Z 快捷键可以撤销上一步操作。

图 8-28 是"线性"类型中的"线性向右""线性向下"和"线性向左"3 种方向的填充效果。

图 8-28　"线性"类型的渐变填充

图 8-29 是"射线"类型中的"从右下角""从中心"和"从左下角"3 种方向的填充效果。
图 8-30 是"矩形"类型中的"从右上角""从中心"和"从左上角"3 种方向的填充效果。

图 8-29　"射线"类型的渐变填充

图 8-30　"矩形"类型的渐变填充

本书 9.2.2 小节介绍了一个为幻灯片背景设计渐变色填充的示例。

8.2.4 使用图片、纹理或图案填充形状

如需使形状看起来富于变化、充满乐趣，可以使用图片、纹理或图案填充形状。

1. 图片填充

使用图片填充形状的操作步骤如下：

（1）右击要填充的形状，在弹出的快捷菜单中选择"设置形状格式"命令。

（2）在打开的窗格中选中"图片或纹理填充"单选按钮，然后单击"插入"按钮，如图8-31所示。

（3）打开如图8-32所示的对话框，选择图片的来源，有以下3种。

- 选择"从文件"将从本地计算机中选择图片。
- 在"必应图像搜索"右侧的文本框中输入图片的关键字，可以在互联网中搜索想要的图片。

图 8-31　选中"图片或纹理填充"单选按钮

- 选择"OneDrive-个人"并使用Microsoft账户登录OneDrive，然后可以使用OneDrive中的图片填充形状。

图 8-32　选择图片来源

（4）此处选择"从文件"，将打开"插入图片"对话框，双击选择所需的图片，如图8-33所示。

（5）将选中的图片填充到形状中，图8-34所示为填充前和填充后的形状。

2. 纹理填充

使用纹理填充形状的操作步骤如下：

（1）右击要填充的形状，在弹出的快捷菜单中选择"设置形状格式"命令。

（2）在打开的窗格中选中"图片或纹理填充"单选按钮，然后单击"纹理"右侧的按钮，在打开的列表中选择一种纹理，如图8-35所示，接下来可使用选择的纹理填充形状，如图8-36所示。

图 8-33 双击选择所需的图片

图 8-34 使用所选图片填充形状

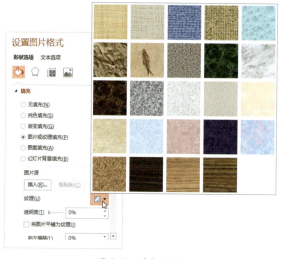

图 8-35 选择纹理

图 8-36 使用纹理填充形状

3. 图案填充

使用图案填充形状的操作步骤如下：

（1）右击要填充的形状，在弹出的快捷菜单中选择"设置形状格式"命令。

（2）在打开的窗格中选中"图案填充"单选按钮，然后在下方选择一种图案，还可以通过"前景"和"背景"两个选项设置图案的前景色和背景色，如图 8-37 所示。设置图案填充后的形状如图 8-38 所示。

图 8-37 设置图案填充

图 8-38 使用图案填充形状

8.2.5 为形状创建特效

本小节所说的"特效"是指阴影、映像、发光、柔化边缘、棱台、三维旋转等效果。虽然也可以为线条创建这些特效，但是它们通常更多地用于形状。

选择要创建特效的一个或多个形状，然后在功能区的"绘图工具 | 格式"选项卡中单击"形状效果"按钮，在打开的列表中显示了 6 种特效的名称，如图 8-39 所示。选择某个特效，例如"映像"，在打开的列表中选择一种映像效果，如图 8-40 所示。

图 8-39 6 种特效

图 8-40 "映像"选项

图 8-41 所示是为形状设置的几种映像效果。

如需对映像效果进行更多控制时，可以选择图 8-40 所示的菜单中的"映像选项"命令，然后在打开的窗格中对映像效果进行自定义设置，如图 8-42 所示。

图 8-41　为形状设置不同的映像效果

图 8-42　自定义设置映像效果

其他 5 种效果的设置方法与映像类似，此处不再赘述。用户还可以为同一个形状叠加设置多种效果，在图 8-39 所示的菜单中的"预设"子菜单中的选项就是由多个效果组成的。

8.2.6　在形状中添加文字

与文本框类似，用户也可以在形状中添加文字。只需右击形状，然后在弹出的快捷菜单中选择"编辑文字"命令，如图 8-43 所示。此时将在形状中显示一个插入点，输入所需的文字，然后单击形状之外的区域即可，如图 8-44 所示。

图 8-43　选择"编辑文字"命令

图 8-44　在形状中输入文字

一旦在形状中添加了文字，以后就可以直接单击形状的内部来编辑其中的文字，编辑时可以使用箭头键、BackSpace 键、Delete 键等执行移动插入点或删除文字的操作。

在形状中输入文字后，可以设置文字的格式，方法与设置文本框中的文字格式相同。图 8-45 所示是设置的几种不同的字体格式，第一个形状中的文字设置了楷体，第二个形状中的文字设置了楷体、蓝色和文字阴影，第三个形状中的文字设置了楷体、加粗、文字阴影以及发光效果。

图 8-45　为形状中的文字设置字体格式

8.2.7　通过合并形状创建新的形状

利用"合并形状"功能，用户可以通过对多个形状执行逻辑运算，从而得到千变万化的形状。如需使用"合并形状"功能时，需要先选择两个或多个形状，然后在功能区的"绘图工具|格式"选项卡中单击"合并形状"按钮，在弹出的快捷菜单中选择所需的命令，如图 8-46 所示。

图 8-47 所示有两个形状——圆形和正方形，圆形是橙色，正方形是蓝色，将正方形与圆形的 50% 区域重叠在一起，如图 8-48 所示。

图 8-46　"合并形状"功能　　　图 8-47　圆形和正方形　　　图 8-48　将两个形状的部分区域重叠

先选择圆形，然后按住 Shift 键，再选择正方形，此时同时选中了圆形和正方形。接下来对这两个形状执行不同的合并操作。

- 结合：选择"结合"命令，将得到如图 8-49 所示的效果。
- 组合：选择"组合"命令，将得到如图 8-50 所示的效果。
- 拆分：选择"拆分"命令，将得到如图 8-51 所示的效果。

图 8-49　结合　　　　　图 8-50　组合　　　　　图 8-51　拆分

- 相交：选择"相交"命令，将得到如图 8-52 所示的效果。
- 剪除：选择"剪除"命令，将得到如图 8-53 所示的效果。

图 8-52　相交　　　　　　　　　　图 8-53　剪除

选择形状时的先后顺序将影响形状的合并结果。如果先选择蓝色的正方形，后选择橙色的圆形，则执行上述合并命令后，得到的形状都是蓝色的。此外，执行"剪除"命令得到的形状是先选择的形状未与后选择的形状重叠的部分。

8.2.8　组合使用形状和线条增加趣味感

如果是为低年级教材制作教学课件，则对于年龄小的学生来说，活泼有趣的课件更容易吸引他们的注意力。如图 8-54 所示，组合使用形状和线条增加了课件的趣味感。

图 8-54　组合使用形状和线条增加课件的趣味感

8.2.9　利用形状划分版面

为了制作出版面灵活多变的课件，可以利用形状划分版面，如图 8-55 所示。用户可以将用于划分版面的形状制作到母版中，这样在幻灯片中编辑内容时，不会受到这些形状的干扰而导致误操作。

图 8-55　利用形状划分版面

# 第 9 章
使用母版和模板提高课件的制作效率

到目前为止，虽然本书还没有正式介绍过版式和母版，但是在添加幻灯片或更改幻灯片版式时，其实一直都在使用它们。PowerPoint 自身提供了一套母版，其中包含十几种版式，用户也可以创建新的母版和版式，从而满足内容在幻灯片中灵活的版式布局，并为在不同的幻灯片中保持统一的布局和格式提供方便。使用模板可以使多个课件保持统一的外观和格式。本章将介绍可以提高课件设计质量和效率的工具，包括版式、母版和模板。在开始介绍这些内容之前，首先介绍主题和幻灯片页面格式的设置方法，因为它们是版式、母版和模板的组成部分。

9.1 使用主题

对于计算机用户和手机用户来说,"主题"一词并不陌生,它是快速改变计算机和手机操作系统的桌面背景、图标和窗口颜色的一种美化工具。PowerPoint 中的主题功能与此类似,它由字体、颜色、效果、背景样式 4 个部分组成,不同的字体、颜色、效果和背景样式可以组成大量风格各异的主题,用户只需选择不同的主题,就能快速改变特定幻灯片或整个课件的字体格式、配色、形状效果和背景。本节将介绍使用 PowerPoint 内置主题和创建新主题的方法,由于主题涉及颜色,而颜色搭配是决定课件外观效果的主要因素之一,因此,本节还将介绍一些配色方面的基础知识。

9.1.1 使用内置主题

PowerPoint 已经内置了几十种主题,用户可以使用这些主题快速改变课件的外观。在功能区的"设计"选项卡中单击"其他"按钮,如图 9-1 所示,在打开的主题库中以缩略图的形式显示每个主题的预览效果,如图 9-2 所示。

图 9-1 单击"其他"按钮

图 9-2 PowerPoint 内置主题

单击某个缩略图,可为当前课件中的所有幻灯片设置特定的主题。如果只想为课件中的部分幻灯片设置某个主题,则可以先选择这些幻灯片,然后在主题库中右击要设置的主题,在弹出的快捷菜单中选择"应用于选定幻灯片"命令,如图 9-3 所示。

每次在 PowerPoint 中创建新的演示文稿时,默认使用的是"Office 主题",该主题使用的默认字体是"等线",默认的配色方案如图 9-4 所示。

图 9-3　选择"应用于选定幻灯片"命令　　图 9-4　"Office 主题"的配色方案

用户可以将其他主题设置为默认主题，以后新建演示文稿时，将以新设置的主题中的格式作为默认格式。如需更改默认主题，可以在主题库中右击要设置为默认主题的主题，然后在弹出的快捷菜单中选择"设置为默认主题"命令。

主题由字体、颜色、效果和背景样式 4 个部分组成：

- 字体包括标题字体和正文字体。标题字体用于设置标题占位符中的文字的字体，正文字体用于设置内容占位符中的文字的字体。
- 颜色包括 4 种文字和背景颜色、6 种形状填充颜色和 2 种超链接颜色，此处的"形状"不仅包括矩形、圆形等形状，还包括 SmartArt 图示中的形状、图表中的数据系列等对象。
- 效果用于设置形状的特殊效果，即在 8.2.5 小节介绍的 6 种效果。只有在为形状设置"形状样式"库中的选项时，才会看到形状外观的变化。
- 背景样式用于设置幻灯片的背景颜色。

选择一种主题后，可能想要改变其中某个部分的设置，例如字体或颜色，此时可以在功能区的"设计"选项卡中打开变体库，其中显示了组成主题的 4 个部分，如图 9-5 所示，选择要改变的部分，然后在打开的列表中选择所需的选项，如图 9-6 所示。

图 9-5　选择要改变的部分

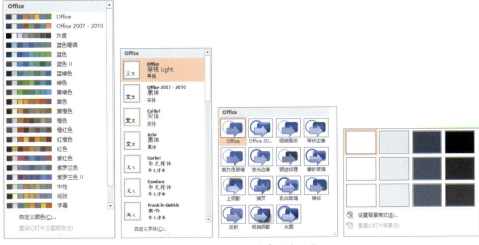

图 9-6　组成主题的 4 个部分中的选项

9.1.2 创建新的主题

如果 PowerPoint 内置的主题不能满足使用需求时,可以创建新的主题。使用 9.1.1 小节介绍的方法,在当前课件中选择满意的字体、颜色、效果和背景样式。然后在功能区的"设计"选项卡中打开主题库,在打开的列表中选择"保存当前主题"命令,如图 9-2 所示。

打开"保存当前主题"对话框,自动定位到存储 Office 主题文件的 Document Themes 文件夹,在"文件名"文本框中输入主题的名称,然后单击"保存"按钮,如图 9-7 所示。

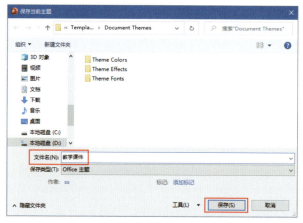

图 9-7 保存自定义主题

下次打开主题库时,新建的主题将显示在"自定义"类别中,如图 9-8 所示。如需删除用户创建的主题,可以在主题库中右击该主题,然后在弹出的快捷菜单中选择"删除"命令,如图 9-9 所示。

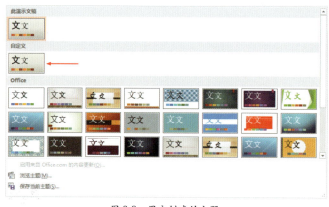

图 9-8 用户创建的主题　　　　　　　　图 9-9 选择"删除"命令

9.1.3 创建主题字体和主题颜色

在组成主题的 4 个部分中,用户可以创建新的主题字体和主题颜色,这样将为创建丰富的主题极大地提高了灵活性。

1. 创建主题字体

如需创建主题字体，可以在功能区的"设计"选项卡中打开变体库，然后选择"字体"命令，在打开的列表中选择"自定义字体"命令，如图 9-10 所示。

图 9-10 选择"自定义字体"命令

打开"新建主题字体"对话框，分别设置英文字体和中文字体，每一种字体包含标题字体和正文字体两种。设置好所需的字体，在"名称"文本框中输入主题字体的名称，然后单击"保存"按钮，如图 9-11 所示。

用户创建的主题字体显示在字体列表顶部的"自定义"类别中。如需修改已创建的主题字体，可以右击该主题字体，然后在弹出的快捷菜单中选择"编辑"命令，如图 9-12 所示。选择"删除"命令将删除用户创建的主题字体。

图 9-11 创建新的主题字体　　图 9-12 选择"编辑"命令修改用户创建的主题字体

2. 创建主题颜色

如需创建主题颜色，可以在功能区的"设计"选项卡中打开变体库，然后选择"颜色"命令，在打开的列表中选择"自定义颜色"命令，如图 9-13 所示。

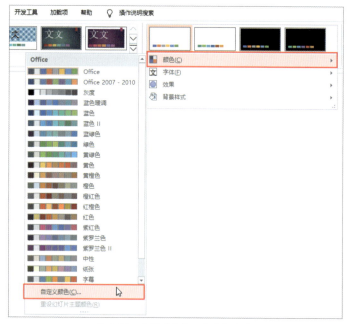

图 9-13 选择"自定义颜色"命令

打开"新建主题颜色"对话框，在此处可以设置 4 种文字和背景颜色、6 种形状填充颜色和 2 种超链接颜色。设置好所需的颜色，在"名称"文本框中输入主题字体的名称，然后单击"保存"按钮，如图 9-14 所示。

用户创建的主题颜色显示在颜色列表顶部的"自定义"类别中，如图 9-15 所示。如需修改或删除用户创建的主题颜色，可以右击主题颜色，然后在弹出的快捷菜单中选择"编辑"或"删除"命令。

图 9-14 设置主题颜色

图 9-15 创建的主题颜色

9.1.4 色彩基础知识

为了更好地在课件中使用颜色，需要对色彩的基础知识有一定的了解。

1．色彩的形成

人类能够看到的光是一种电磁波。波长和振幅是电磁波的两个主要特性。波长的变化对应光的色彩变化，振幅的大小决定光的强弱。牛顿在 17 世纪使用三棱镜对太阳光进行分解，得到了由红、橙、黄、绿、青、蓝、紫 7 种颜色组成的可见光。这 7 种颜色具有不同的波长，红色的波长最长，紫色的波长最短，橙、黄、绿、青、蓝几种颜色的波长的长度逐渐减少，如图 9-16 所示。

图 9-16　光谱

人能看见色彩需要经历 3 个步骤：
（1）可见光照射到物体上。
（2）物体反射一种或多种颜色的光。
（3）人眼的视觉神经感知物体反射出来的不同颜色的光，并传送给大脑。

2．色彩的分类

人们将色彩分为有彩色和无彩色两大类。人眼所能感知到的可见光中的各个波长的色光都属于有彩色系，包括可见光中的红、橙、黄、绿、青、蓝、紫 7 种基本色，以及它们之间以不同比例混合出的色彩，这些色彩与黑、白、灰的混合也属于有彩色。正是这些千变万化的色彩，让人类世界绚丽多彩。

无彩色是指黑、白以及各种深浅程度不同的灰色。虽然它们属于无彩色系，但是在很多配色设计中，黑、白、灰有着举足轻重的地位。

3．三原色

"原色"是指无法通过其他颜色混合调配出的"基本色"，而其他颜色则可以通过"原色"混合调配出来。不同领域对三原色有着不同的定义，按照色彩来源，可以将三原色分为色光三原色和色料三原色 2 种类型；按照应用领域和用途，可以将三原色分为光学三原色、印刷三原色和美术三原色 3 种类型。

色光三原色是指红、绿、蓝 3 种颜色，英文缩写是 RGB（red、green 和 blue 的首字母）。所有自身发光的物体的色彩都基于色光三原色，例如太阳光和灯光。红、绿、蓝 3 种色光以不同的比例混合叠加，可以得到其他颜色，如图 9-17 所示。色光之间的混合会变得越来越亮，直到变成白色为止。

　　红＋绿＝黄
　　绿＋蓝＝青
　　蓝＋红＝洋红

色料三原色是指青、洋红（也叫品红）、黄 3 种颜色，英

图 9-17　色光三原色

文缩写是 CMY（cyan、magenta 和 yellow 的首字母）。印刷用的油墨、绘画用的颜料等都基于色料三原色，它们是通过吸收可见光并反射色光来呈现色彩。青、洋红、黄 3 种色料以不同的比例混合，可以得到其他颜色，如图 9-18 所示。色料之间的混合会变得越来越暗，直到变

成黑色为止。

青 + 洋红 = 蓝

洋红 + 黄 = 红

黄 + 青 = 绿

由于青、洋红、黄 3 种颜色无法混合出高纯度的黑色，因此加入了黑色，这就是所谓的四色印刷 CMYK。黑色的英文单词的首字母是 B，但是使用字母 K 来代表黑色，以便与蓝色的英文 blue 的首字母相区别。

图 9-18　色料三原色

4．色彩的3个基本属性

色相、明度和纯度是色彩的 3 个基本属性。色相是色彩的相貌，是区分不同色彩的最明显特征。色相由颜色名称标识，例如红色、黄色或蓝色。可见光通过三棱镜分散出红、橙、黄、绿、青、蓝、紫 7 种基本色相，实际上，在 7 种基本色相之间包含了范围相当广泛的各种各样的色相。

明度是指色彩的明暗程度，具有较强的独立性和表现力。单色或黑白的画面主要是通过明度变化的黑白灰关系来表现的。同一色相由于光亮的强度不同，会产生不同的明度变化。在色相中加入白色或黑色，可以改变色相的明度，如图 9-19 所示。不同色相也有明度高低之分，在有彩色系中，黄色明度最高，紫色明度最低。

图 9-19　明度变化

无彩色系中的黑、白、灰只有明度变化，没有色相，白色明度最高，黑色明度最低，介于白色和黑色之间的灰色具有不同的明度级别，如图 9-20 所示。

图 9-20　无彩色的明度变化

纯度也叫饱和度、彩度、鲜度、艳度，指的是色彩的鲜艳程度。纯度高的颜色会让人觉得鲜艳、华丽；纯度低的颜色会让人觉得暗淡、朴素。色相环上的颜色是纯度最高的颜色，可将其称为纯色。如果向一种颜色中加入黑、白、灰或其他颜色，该颜色的纯度就会下降，明度也会随之发生变化，如图 9-21 所示。

图 9-21　纯度变化

5．色相环和色彩关系

色相环也叫色轮，是以三原色为起点，通过不断对色彩进行混合来得到的更多颜色，并将它们有序地排列在圆环上。色相环上的颜色是同类颜色中纯度最高的。色相环是了解和研究色彩及其之间关系的一种工具。实际上，色彩之间的多种关系是配色的基本准则，为使用色彩指明了方向。

色相环上的其他颜色都是通过三原色生成的。根据混合调配出的颜色数量，色相环分为 12 色相环、24 色相环甚至更多色相数量的色相环。这里以 12 色相环为例，介绍由红、黄、蓝三原色生成其他颜色的过程。

将一个圆环等分为12份,然后将红、黄、蓝3种颜色等间距地放置在圆环上,如图9-22所示。

图 9-22　三原色

等量混合相邻的两个颜色,得到橙、绿、紫3种颜色,将它们称为"间色"或"二次色"。将3种间色放置在每两个相邻的三原色的中间位置,确保3种间色也是等间距的,如图9-23所示。

红＋黄＝橙　　黄＋蓝＝绿　　蓝＋红＝紫

继续混合相邻的两个颜色,得到6种颜色,将它们称为"复色"或"三次色",如图9-24所示。

红＋橙＝橙红　　橙＋黄＝橙黄　　黄＋绿＝黄绿

绿＋蓝＝蓝绿　　蓝＋紫＝蓝紫　　紫＋红＝紫红

图 9-23　二次色

图 9-24　三次色

至此,在色相环上已填满12种颜色,依次为:红、橙红、橙、橙黄、黄、黄绿、绿、蓝绿、蓝、蓝紫、紫、紫红。

虽然12色相环上只有12种颜色,但是真实世界中的颜色并非像色相环这样界限分明,而是由很多颜色组成的连续渐变。

通过色相环可以更好地了解色彩之间的关系。色彩之间的关系主要分为同类色、相似色、对比色、互补色、分裂补色等。

- 同类色是指具有不同明度和纯度的相同色相所组成的一组颜色。同类色可以产生和谐统一的效果,通过色相的不同明度来体现层次感。
- 相似色是指在色相环上位于90°范围之内的颜色,例如黄、橙黄和橙3种颜色,如图9-25所示。相似色也可以产生和谐的效果。由于相似色不止一个色相,不但可以体现层次感，还能解决同类色单调沉闷的缺点。
- 对比色是指在色相环上相距120°的颜色，类似于红、黄、蓝3个色相位置关系的其他颜色组合，例如橙、绿、紫，如图9-26所示。对比色可以产生强烈的颜色对比，使画面变得丰富活泼，充满视觉冲击。

图 9-25 相似色

图 9-26 对比色

- 互补色是指在色相环上相距180°的颜色，例如红和绿、黄和紫、橙和蓝，如图9-27所示。互补色具有非常强烈的对比效果，在颜色饱和度很高的情况下，利用互补色可以创建强烈和震撼的视觉效果。
- 分裂补色是指在色相环上的一个颜色与其互补色两侧的颜色所组成的颜色组合，例如红、黄绿、蓝绿是一组分裂补色，如图9-28所示。分裂补色不仅可以产生强烈对比，还具有和谐的效果，这是因为一个颜色的互补色两侧的颜色属于相似色。

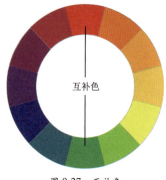

图 9-27 互补色

图 9-28 分裂补色

上面介绍的色彩之间的几种关系，可为设计出满意的配色方案提供帮助。

9.2 设置幻灯片的页面格式

幻灯片的页面格式主要包括幻灯片的页面尺寸和方向、背景、页脚等。这些格式也是版式、母版和模板的组成部分，本节将介绍幻灯片页面格式的设置方法。

9.2.1 设置幻灯片的页面尺寸和方向

从 PowerPoint 2013 开始，幻灯片的默认页面比例从 4∶3 改为了 16∶9，变成宽屏显示比例。无论幻灯片当前是哪一种显示比例，用户都可以将其改为另一种，只需在功能区的"设计"选项卡中单击"幻灯片大小"按钮，然后选择所需的页面显示比例，如图 9-29 所示。

> **注意**
> 更改幻灯片页面显示比例的操作将同时作用于当前课件中的所有幻灯片，无法单独更改某张幻灯片的页面显示比例。

如需自定义设置幻灯片的页面尺寸，可以选择图 9-29 中的"自定义幻灯片大小"命令，打开"幻灯片大小"对话框，在"宽度"和"高度"两个文本框中分别输入幻灯片页面的宽和高，如图 9-30 所示。

图 9-29 更改页面显示比例

图 9-30 自定义设置幻灯片的页面尺寸

如需更改幻灯片的页面方向，可以在"幻灯片大小"对话框中选中"幻灯片"中的"纵向"或"横向"单选按钮。

9.2.2 设置幻灯片背景

根据用户为当前课件选择的主题颜色，PowerPoint 提供了 4 种颜色的背景，每种颜色的背景有 3 个样式，一共有 12 种背景样式。用于幻灯片背景的 4 种颜色就是当前正在使用的主题颜色的前 4 种颜色，如图 9-31 所示。

图 9-31 4 种背景颜色与主题颜色中的前 4 种相对应

如需设置幻灯片的背景，可以在功能区的"设计"选项卡中打开变体库，然后选择"背景样式"命令，在打开的列表中选择一种背景，如图 9-31 所示。

选择的背景会被自动设置到当前课件中的每一张幻灯片中。如果只想为部分幻灯片设置背景，则可以先选择这些幻灯片，然后在图 9-31 中右击所需的背景样式，在弹出的快捷菜单中选择"应用于所选幻灯片"命令，如图 9-32 所示。

图 9-32　选择"应用于所选幻灯片"命令

用户还可以将图片、纹理或图案设置为幻灯片的背景，该操作需要使用"设置背景格式"窗格。

打开该窗格有以下 3 种方法：

- 右击幻灯片中的空白处，在弹出的快捷菜单中选择"设置背景格式"命令，如图 9-33 所示。
- 在功能区的"设计"选项卡中单击"设置背景格式"按钮，如图 9-34 所示。
- 在功能区的"设计"选项卡中打开变体库，然后选择"背景样式"命令，在打开的列表中选择"设置背景格式"命令。

图 9-33　选择"设置背景格式"命令

图 9-34　单击"设置背景格式"按钮

使用任意一种方法都将打开"设置背景格式"对话框，如图 9-35 所示。通过选中不同的单选按钮，可以设置不同类型的背景，操作方法与为形状设置填充格式相同，此处不再赘述。

设置的背景默认只对当前幻灯片有效，如需将背景设置到当前课件中的所有幻灯片，可以单击窗格中的"应用到全部"按钮。如需将背景恢复到设置前的状态，可以单击窗格中的"重置背景"按钮。

图 9-36 所示为幻灯片设计具有商务气息的渐变色背景。

图 9-35　"设置背景格式"对话框

案例文件＼第 9 章＼创建渐变色幻灯片背景　原始文件 .pptx
案例文件＼第 9 章＼创建渐变色幻灯片背景　结果文件 .pptx
视频教程＼第 9 章＼创建渐变色幻灯片背景 .mp4

操作步骤如下：

（1）右击幻灯片中的空白处，在弹出的快捷菜单中选择"设置背景格式"命令，如图 9-37 所示。

图 9-36 设计具有商务气息的渐变色背景　　图 9-37 选择"设置背景格式"命令

（2）打开"设置背景格式"窗格，选中"渐变填充"单选按钮，然后设置以下两项，如图 9-38 所示。

- 在"类型"下拉列表中选择"射线"选项。
- 单击"方向"按钮，在打开的列表中选择"从中心"选项。

（3）在"渐变光圈"部分单击左侧的光圈，然后单击"颜色"按钮，在打开的列表中选择"其他颜色"命令，如图 9-39 所示。

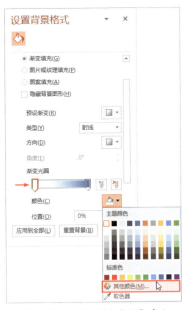

图 9-38 设置渐变色填充的类型和方向　　图 9-39 选择"其他颜色"命令

（4）打开"颜色"对话框，切换到"自定义"选项卡，在"颜色模式"下拉列表中选择"RGB"，然后分别在"红色""绿色"和"蓝色"3个文本框中输入10、50和120，然后单击"确定"按钮，如图 9-40 所示。

（5）返回"设置背景格式"窗格，为左侧光圈设置了指定的颜色。在"渐变光圈"部分单击右侧的光圈，然后单击"颜色"按钮，在打开的列表中选择"其他颜色"命令，如图 9-41 所示。

图 9-40 设置左侧光圈的颜色

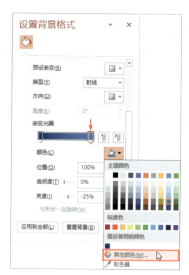

图 9-41 选择"其他颜色"命令

（6）打开"颜色"对话框，切换到"自定义"选项卡，在"颜色模式"下拉列表中选择"RGB"，然后分别在"红色""绿色"和"蓝色"3个文本框中输入0、6和15，然后单击"确定"按钮，如图9-42所示。

（7）返回"设置背景格式"窗格，为右侧的光圈设置了指定的颜色，完成上述设置后的"设置背景格式"窗格如图9-43所示。

图 9-42 设置右侧光圈的颜色

图 9-43 完成设置后的"设置背景格式"窗格

9.2.3 设置幻灯片的页脚

页脚位于幻灯片的底部，在页脚中可以添加一些辅助信息，例如日期和时间、幻灯片编号或其他由用户输入的内容。如需显示幻灯片的页脚时，可以在功能区的"插入"选项卡中单击"页眉和页脚"按钮，如图 9-44 所示。

打开"页眉和页脚"对话框，在"幻灯片"选项卡中设置在页脚中显示的以下 3 类信息，如图 9-45 所示。

- 日期和时间：如需在幻灯片底部显示日期和时间，可以勾选"日期和时间"复选框。如需显示当前系统日期和时间，需要选中"自动更新"单选按钮；如需显示特定的日期和时间，需要选中"固定"单选按钮，然后在下方的文本框中输入所需的日期和时间。
- 幻灯片编号：如需在幻灯片底部显示页面编号，可以勾选"幻灯片编号"复选框。
- 自定义内容：如需在幻灯片底部显示任意内容，可以勾选"页脚"复选框，然后在下方的文本框中输入所需的内容。

图 9-44　单击"页眉和页脚"按钮

图 9-45　"页眉和页脚"对话框

提　示

如果不想在版式为"标题幻灯片"的幻灯片中显示页脚内容，则可以在"页眉和页脚"对话框中勾选"标题幻灯片中不显示"复选框。

设置好要在页脚中显示的内容后，单击"应用"按钮，将对当前选中的幻灯片应用所作的设置；单击"全部应用"按钮，将对当前课件中的所有幻灯片应用所作的设置。

图 9-46 所示是为幻灯片添加页脚后的效果。

图 9-46　为幻灯片添加页脚后的效果

9.3 使用版式和母版

制作不同学科的课件时，通常对内容有特定的排版布局和格式方面的要求，不同的教师也有不同的制作风格和习惯。为了提高课件的制作效率，可以在制作课件之前，先设计好版式和母版，这样可以在制作同类型页面时反复套用，而无须每次都对内容的位置和格式进行重复调整和设置。本节将介绍版式和母版的概念和操作方法，包括版式和母版的添加、删除、重命名、保留、复制等，还将介绍版式的设计方法。

9.3.1 理解版式和母版

在 PowerPoint 中新建一个空白演示文稿，其中默认包含一张幻灯片，在这张幻灯片中有两个虚线边框的矩形，在两个矩形中分别显示"单击此处添加标题"和"单击此处添加副标题"文字，如图 9-47 所示。

图 9-47 幻灯片中有两个占位符

单击任意一个矩形的内部，其中的文字将自动消失并显示一个插入点，如图 9-48 所示。在矩形中输入文字后，无须额外设置，文字就会具有特定的字体和字号。

图 9-48 单击矩形内部将显示一个插入点

在 PowerPoint 中，将具有上述特性的矩形称为"占位符"。版式就是将多个占位符按照特定的位置和格式放置在幻灯片中，构建符合不同应用需求的内容布局。

课件中的每一张幻灯片都是依赖于某个特定的版式而创建的。在功能区的"开始"选项卡中单击"新建幻灯片"按钮上的下拉按钮，在打开的列表中会显示所有可用的版式的缩略图，缩略图下方的文字是版式的名称，在缩略图中显示了占位符的数量、类型和位置，如图 9-49 所示。单击某个缩略图，可创建相应版式的幻灯片，这样就可以快速创建出具有相同布局和格式的多张幻灯片。

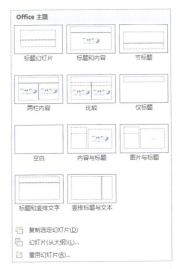

图 9-49　在缩略图中显示了占位符的数量、类型和位置

> **提 示**
>
> 对于已经创建的幻灯片，可以在后期随时更改其版式，具体方法请参考本书 2.2.9 小节。

将由多个版式组成的一套版式称为母版，名为"Office 主题"的母版是 PowerPoint 的默认母版，其中包含 11 个版式。用户既可以在课件中添加多个母版，也可以在母版中添加多个版式。一个课件中的幻灯片可以使用来自多个母版中的版式。

9.3.2　母版视图

版式和母版的相关操作需要在母版视图中进行，进入母版视图有以下两种方法：
- 在功能区的"视图"选项卡中单击"幻灯片母版"按钮，如图 9-50 所示。
- 按住 Shift 键，然后单击 PowerPoint 窗口底部状态栏中的"普通视图"按钮，如图 9-51 所示。

进入母版视图后，在左侧窗格中列出了很多幻灯片，每一张幻灯片代表一种版式，在这些版式的顶部有一个尺寸稍大一点的幻灯片，该幻灯片是母版幻灯片，如图 9-52 所示。每套母版都包含一张母版幻灯片和多张版式幻灯片。

图 9-50 单击"幻灯片母版"按钮

图 9-51 按住 Shift 键单击"普通视图"按钮　　图 9-52 母版视图中的版式和母版幻灯片

在母版幻灯片中放置的内容会自动出现在所有版式中。利用这一特性,可以将需要显示在课件每一张幻灯片中的内容放置到母版幻灯片中。母版幻灯片左侧的数字表示母版的编号,当课件中包含多套母版时,该编号会递增。

进入母版视图后,将自动在功能区中显示"幻灯片母版"选项卡,其中包含操作母版和版式的相关选项。如需退出母版视图,可以单击"幻灯片母版"选项卡中的"关闭母版视图"按钮,如图 9-53 所示。

图 9-53 单击"关闭母版视图"按钮

9.3.3 添加与删除版式和母版

PowerPoint 默认提供的母版中一共包含 11 种版式,用户可以根据需要,在该套母版中添加新的版式或删除现有版式,还可以添加新的母版,并在新的母版中添加或删除版式。

1. 添加或删除版式

进入母版视图,然后使用以下两种方法在特定的母版中添加版式:

- 在左侧窗格中选择一个版式,然后在功能区的"幻灯片母版"选项卡中单击"插入版式"按钮,如图 9-54 所示。

- 在左侧窗格中右击一个版式，然后在弹出的快捷菜单中选择"插入版式"命令，如图 9-55 所示。

图 9-54　单击"插入版式"按钮

图 9-55　选择"插入版式"命令

使用以上任意一种方法，都将在所选择的版式下方添加一个版式。如需删除版式，可以在左侧窗格中选择要删除的一个或多个版式，然后使用以下任意一种方法将其删除：
- 在功能区的"幻灯片母版"选项卡中单击"删除"按钮。
- 右击选中的任意一个版式，在弹出的快捷菜单中选择"删除版式"命令。
- 按 Delete 键。

> **注意**
> 如果要删除的版式当前正在被幻灯片使用，则无法将该版式删除。

2．添加或删除母版

进入母版视图，然后使用以下两种方法添加母版：
- 在功能区的"幻灯片母版"选项卡中单击"插入幻灯片母版"按钮，如图 9-54 所示。
- 在左侧窗格中右击任意一个版式，然后在弹出的快捷菜单中选择"插入幻灯片母版"命令，如图 9-55 所示。

删除母版有以下几种方法：
- 选择要删除的母版中的母版幻灯片，然后在功能区的"幻灯片母版"选项卡中单击"删除"按钮。
- 右击要删除的母版中的母版幻灯片，然后在弹出的快捷菜单中选择"删除母版"命令，如图 9-56 所示。
- 选择要删除的母版中的母版幻灯片，然后按 Delete 键。

图 9-56　选择"删除母版"命令

9.3.4　重命名版式和母版

为了更好地识别不同的母版和版式，最好为现有或新建的版式或母版设置有意义的名称，有以下两种方法：
- 选择要重命名的版式或母版幻灯片，然后在功能区的"幻灯片母版"选项卡中单击"重命名"按钮，打开"重命名版式"对话框，输入所需的名称，最后单击"重命名"按钮，如图 9-57 所示。
- 右击要重命名的母版中的版式或母版幻灯片，在弹出的快捷菜单中选择"重命名版式"或"重命名母版"命令，然后在"重命名版式"对话框中输入所需的名称，最后单击"重命名"按钮。

当课件中包含多套母版时，在功能区的"开始"选项卡中单击"新建幻灯片"按钮上的下拉按钮之后，在打开的列表中会显示所有母版及其中包含的版式，每套母版的顶部显示了母版的名称，如图 9-58 所示。

图 9-57　"重命名版式"对话框　　　图 9-58　每套母版的顶部显示了母版的名称

9.3.5 保留母版

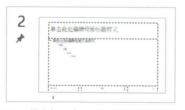

图 9-59　锁定标记表示母版处于"保留"状态

用户添加的母版会被自动设置为"保留"状态，并在母版幻灯片左侧的编号下方显示锁定标记，如图 9-59 所示。"保留"状态是指即使母版中的所有版式当前都未被使用，该母版也会始终保留在课件中，否则母版将被自动删除。

为了使自己创建的母版及其中的版式始终保留在课件中，必须将母版设置为"保留"状态，有以下两种方法：

- 选择要保留的母版中的母版幻灯片，然后在功能区的"幻灯片母版"选项卡中单击"保留"按钮，如图 9-60 所示。
- 在左侧窗格中右击要保留的母版中的母版幻灯片，然后在弹出的快捷菜单中选择"保留母版"命令，如图 9-61 所示。

图 9-60　单击"保留"按钮

图 9-61　选择"保留母版"命令

9.3.6　复制版式和母版

如果要创建的版式与现有的某个版式只有很小的差别，则可以直接复制现有的版式，然后对复制后的版式进行修改，从而提高操作效率。对于母版来说也是如此，可以复制现有的整套母版，然后对复制后的母版幻灯片或其中的版式进行修改。进入母版视图，然后可以使用以下两种方法复制版式或整套母版：

- 选择要复制的版式或母版幻灯片，然后在功能区的"开始"选项卡中单击"复制"按钮上的下拉按钮，在弹出的快捷菜单中选择如图 9-62 所示的"复制"命令。

图 9-62　使用功能区命令复制版式或整套母版

- 右击要复制的版式或母版幻灯片，然后在弹出的快捷菜单中选择"复制版式"或"复制幻灯片母版"命令。

9.3.7　设计版式

设计版式的工作主要就是在幻灯片中添加不同类型的占位符，同时调整它们的大小，摆放它们的位置，并在占位符中添加提示性文字，以告知课件制作者每一个占位符的用途。这些提示性文字在用户单击占位符的内部时会自动消失，正如 9.3.1 小节介绍的那样。

PowerPoint 提供了多种类型的占位符，用户可以使用这些占位符在幻灯片中添加不同类型的内容。进入母版视图，在功能区的"幻灯片母版"选项卡中单击"插入占位符"按钮，在打开的列表中显示了设计版式时可以使用的所有占位符，如图 9-63 所示。

占位符有两类，一类占位符只适用于特定类型的内容，例如"图片"占位符只能用于插入图片，"表格"占位符只能用于插入表格，"图表"占位符只能用于插入图表。另一类占位符是"内

157

容"占位符,如图9-64所示,此类占位符同时提供了其他几类占位符的功能,可以插入任意一种类型的内容。

图9-63 设计版式时可以使用的占位符　　　图9-64 "内容"占位符

设计版式前需要注意以下两点:
- 在母版幻灯片中添加的内容,会自动出现在当前母版的所有版式中。
- 在特定版式中添加的内容,只存在于该版式中,不会影响其他版式。

假设要输入30个学生的基本信息,包括学生的姓名、性别、班级、照片等,为了确保所有学生的信息具有统一的排版布局和格式,需要设计一个用于输入学生基本信息的版式。

案例文件 \ 第9章 \ 设计版式 原始文件 .pptx
案例文件 \ 第9章 \ 设计版式 结果文件 .pptx
视频教程 \ 第9章 \ 设计版式 .mp4

图9-65 选择"环保"主题

操作步骤如下:

(1)进入母版视图,在功能区的"幻灯片母版"选项卡中单击"主题"按钮,然后在打开的列表中选择名为"环保"的主题,如图9-65所示。

(2)在左侧窗格中删除多余的版式,最后只保留母版幻灯片,以及"标题幻灯片"和"空白"两个版式,如图9-66所示。

(3)在左侧窗格中右击"空白"版式,然后在弹出的快捷菜单中选择"重命名版式"命令,打开如图9-67所示的对话框,输入"学生基本信息",最后单击"重命名"按钮,将"空白"版式改名为"学生基本信息"。

(4)在左侧窗格中选择"学生基本信息"版式,然后在功能区的"幻灯片母版"选项卡中单击"插入占位符"按钮上的下拉按钮，在打开的列表中选择"文本"，如图9-68所示。

图9-66 删除多余的版式

图9-67 修改版式的名称

图9-68 选择"文本"占位符

（5）在"学生基本信息"版式中的适当位置单击，插入一个"文本"占位符，如图9-69所示。

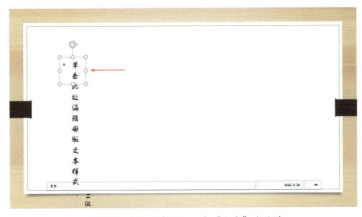

图9-69 在版式中插入一个"文本"占位符

（6）单击"文本"占位符的内部，按Ctrl+A快捷键，选中其中的所有文字，然后按Delete键，将所有文字删除。再按Backspace键，将文字开头的项目符号删除。最后在占位符中输入提示性文字"请输入学生姓名"，如图9-70所示。

（7）为了让文字显示在一行，需要右击占位符，在弹出的快捷菜单中选择"设置形状格式"命令，打开"设置形状格式"窗格，然后按照图9-71进行设置。

图9-70 在占位符中输入提示性文字

（8）设置完成后，关闭"设置形状格式"窗格，此时版式中的"文本"占位符如图9-72所示。

图9-71 设置占位符随文字自动缩放

图9-72 提示性文字显示在一行

（9）单击"文本"占位符的边框，然后在功能区的"开始"选项卡中打开"字号"下拉列表，从中选择"60"，调整占位符中的文字大小，如图9-73所示。

图9-73 调整占位符内部的文字大小

（10）将上述步骤中制作好的"文本"占位符复制出两份，并调整3个占位符在版式中的位置，使它们左对齐，并具有相同的间距，然后将后两个占位符中的文字分别修改为"请输入学生性别"和"请输入学生班级"，如图9-74所示。

（11）在功能区的"幻灯片母版"选项卡中单击"插入占位符"按钮上的下拉按钮，然后在打开的列表中选择"图片"，如图9-75所示。

图 9-74 复制占位符并调整它们的位置

图 9-75 选择"图片"占位符

（12）在版式中的合适位置单击，插入一个"图片"占位符，然后调整至合适大小，将占位符中的文字改为"请插入学生照片"，设计完成后的版式如图 9-76 所示。

（13）在功能区的"幻灯片母版"选项卡中单击"关闭母版视图"按钮，然后在功能区的"开始"选项卡中单击"新建幻灯片"按钮上的下拉按钮，在打开的列表中显示两种版式，选择"学生基本信息"版式，如图 9-77 所示。

图 9-76 设计完成的版式

图 9-77 选择"学生基本信息"版式

（14）在课件中插入一张"学生基本信息"版式的幻灯片，分别在 3 个文本框中输入学生的姓名、性别和班级，如图 9-78 所示。

（15）单击幻灯片右侧的"图片"按钮，在打开的"插入图片"对话框中双击学生的照片，将其插入当前幻灯片中，如图 9-79 所示。

（16）以后只需重复插入"学生基本信息"版式的幻灯片，就可快速完成大量学生信息的输入，并使所有学生的信息具有完全相同的格式。

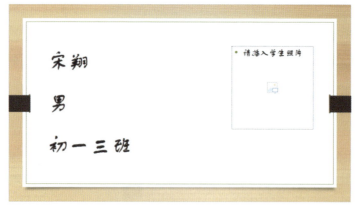

图 9-78　输入学生的姓名、性别和班级

图 9-79　利用版式快速输入学生信息

9.4　创建和使用模板

在本书 2.2.1 小节介绍新建演示文稿时，无论创建的是空白演示文稿还是包含特定内容的演示文稿，实际上都在使用模板。PowerPoint 模板通常用于批量创建具有相同内容和格式的演示文稿。在 PowerPoint 模板中不但可以包含已经设计好的版式、母版和主题，还可以包含具体的内容，例如文字、表格、图片，以及动画和交互等。

如需将当前演示文稿创建为模板，可以按 F12 键，打开"另存为"对话框，在"保存类型"下拉列表中选择"PowerPoint 模板"选项，如图 9-80 所示。如果希望模板可以在 PowerPoint 2003 或更早的 PowerPoint 版本中使用，则需要将保存类型设置为"PowerPoint 97-2003 模板"。

选择文件类型后，将会自动定位到存储用户模板的文件夹，然后在"文件名"文本框中输入模板的名称，最后单击"保存"按钮，完成 PowerPoint 模板创建，如图 9-81 所示。

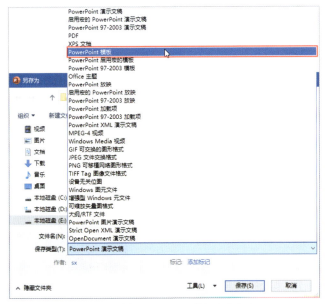

图 9-80　选择 PowerPoint 模板文件类型

图 9-81　输入模板的名称

　　用户可以使用自己创建的模板来新建课件。在 PowerPoint 中单击"文件"|"新建"命令，然后选择"自定义"|"自定义 Office 模板"，如图 9-82 所示。在进入的界面中将显示前面创建的模板，如图 9-83 所示。单击该模板，然后单击"新建"按钮，可基于该模板创建新的课件。

　　如果在新建演示文稿的界面中没有显示"自定义"类别，则需要在 PowerPoint 指定用户模板的存储位置。只需单击"文件"|"选项"命令，打开"PowerPoint 选项"对话框，在左侧选择"保存"选项卡，然后在右侧的"默认个人模板位置"文本框中输入用于存储模板的文件夹的完整路径，最后单击"确定"按钮，如图 9-84 所示。

图 9-82　基于自定义模板创建演示文稿　　　　图 9-83　选择要使用的模板

图 9-84　在 PowerPoint 中指定用户模板的存储位置

第10章
放映和发布课件

制作课件的最终目的是为了放映出来辅助教学。为了获得最佳的放映效果,可以在放映课件之前先设置放映的相关选项。为了使课件在其他计算机中正常放映,可以使用打包功能将课件及其相关资源汇总到一起。还可以将课件转换为视频或图片格式,以便在没有安装 PowerPoint 程序的计算机中浏览课件内容。本章将介绍放映和发布课件的方法。

10.1 放映课件

本节将介绍放映课件的多种方法，以及在放映前和放映过程中可以使用的一些有关设置和工具。

10.1.1 放映课件的一般方法

放映课件时，将自动从普通视图切换到幻灯片放映视图，并全屏显示课件中的所有内容，不同类型的内容会以特定的形式播放。例如，文字会静态显示，如果为其设置了动画，则会以动画的形式动态显示；音频会播放其中的歌曲或音乐等、视频会播放其中的视频画面。

如需从当前正在编辑的幻灯片开始放映课件，可以使用以下几种方法：
- 单击 PowerPoint 窗口底部状态栏中的"幻灯片放映"按钮 。
- 按 Shift+F5 快捷键。
- 在功能区的"幻灯片放映"选项卡中单击"从当前幻灯片开始"按钮，如图 10-1 所示。

无论当前正在编辑的是哪张幻灯片，都想从第一张幻灯片开始放映课件，则可以使用以下两种方法：
- 在功能区的"幻灯片放映"选项卡中单击"从头开始"按钮，如图 10-1 所示。
- 按 F5 键。

无论使用以上哪一种方法，都会自动切换到幻灯片放映视图并从头开始放映课件。

如需按照幻灯片在课件中的排列顺序依次放映，可以使用以下几种方法：
- 单击。
- 向下滚动鼠标滚轮。
- 按 Enter 键、空格键或下箭头键。
- 单击屏幕左下角的 按钮。
- 右击屏幕，在弹出的快捷菜单中选择"下一张"命令，如图 10-2 所示。

图 10-1 单击"从当前幻灯片开始"按钮　　　图 10-2 选择"下一张"命令

如需从当前幻灯片切换到上一张幻灯片，可以使用以下几种方法：
- 向上滚动鼠标滚轮。
- 按 BackSpace 键或上箭头键。

- 单击屏幕左下角的按钮。
- 右击屏幕，在弹出的快捷菜单中选择"上一张"命令，如图10-2所示。

如需从当前幻灯片跳转到任意一张幻灯片进行放映，应该右击屏幕，在弹出的快捷菜单中选择"查看所有幻灯片"命令，然后选择要放映的幻灯片，如图10-3所示。

图10-3 放映选定的任意一张幻灯片

放映到最后一张幻灯片时，如果继续使用前面介绍的方法向下一张幻灯片切换，则会显示黑屏，并在屏幕的顶部显示"放映结束，单击鼠标退出"文字，此时继续向下一张幻灯片切换，将退出放映状态。

如需在放映过程中随时退出放映状态，可以使用以下几种方法：

- 按Esc键。
- 右击屏幕，在弹出的快捷菜单中选择"结束放映"命令，如图10-2所示。
- 单击屏幕左下角的按钮，在弹出的快捷菜单中选择"结束放映"命令，如图10-4所示。

图10-4 选择"结束放映"命令

10.1.2 自动按照指定的时长放映课件

如需在放映课件时自动切换幻灯片，并使每张幻灯片在屏幕上显示指定的时长。一种方法是使用6.1.3小节中的内容，通过在功能区的"切换"选项卡中"设置自动换片时间"选项来实现。另一种方法是使用"排练计时"功能，在事先不确定每张幻灯片的播放需要耗时多久的情况下，非常适合使用该方法。

使用"排练计时"功能设置幻灯片播放时长的操作步骤如下：

（1）在PowerPoint中打开要放映的课件，然后在功能区的"幻灯片放映"选项卡中单击"排练计时"按钮，如图10-5所示。

（2）进入放映状态，在屏幕左上角会显示如图10-6所示的工具栏，左侧的时间表示当前幻灯片的播放时长，右侧的时间表示累积到当前幻灯片为止的播放总时长。

（3）单击可以切换到下一张幻灯片并继续计时。到达最后一张幻灯片时，如果继续单击，将显示如图10-7所示的对话框，单击"是"按钮保存对所有幻灯片的计时结果。

图 10-5　单击"排练计时"按钮　　图 10-6　排练计时的工具栏　　图 10-7　是否保存排练计时的结果

（4）在功能区的"视图"选项卡中单击"幻灯片浏览"按钮，然后可以在幻灯片浏览视图中查看为每张幻灯片设置的播放时长，如图 10-8 所示。

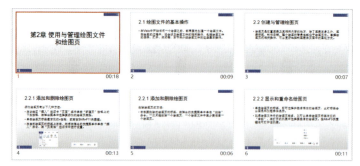

图 10-8　在幻灯片浏览视图中查看为每张幻灯片设置的播放时长

10.1.3　跳过不想放映的幻灯片

如需在放映课件时跳过不想放映的幻灯片时，可以在放映课件前将该幻灯片设置为隐藏状态，有以下两种方法：

- 在导航窗格中选择不想放映的幻灯片，然后在功能区的"幻灯片放映"选项卡中单击"隐藏幻灯片"按钮，如图 10-9 所示。
- 在导航窗格中右击不想放映的幻灯片，然后在弹出的快捷菜单中选择"隐藏幻灯片"命令，如图 10-10 所示。

图 10-9　单击"隐藏幻灯片"按钮　　　　图 10-10　选择"隐藏幻灯片"命令

将幻灯片设置为隐藏状态后，将在该幻灯片的编号上显示一条斜线，以此来区分哪些幻灯片在放映时会被跳过，如图 10-11 所示。取消幻灯片隐藏状态的方法与此类似，只需再次单击"隐藏幻灯片"按钮或选择"隐藏幻灯片"命令即可。

图 10-11　设置为隐藏状态的幻灯片

10.1.4　为课件内容设置分组放映

有时可能会在制作的课件中包含大量的内容，但是在每次放映课件时，只需展示课件中的不同部分。此时可以为课件中的所有幻灯片创建分组，以后可以只放映特定组中的幻灯片。

如图 10-12 所示，课件中包含 10 张幻灯片，第一张幻灯片包含年级和学科的名称，其他 9 张幻灯片对应 3 节课的内容，每节课有 3 张幻灯片。根据教学进度，每节课只放映第一张幻灯片，以及与本节课对应的 3 张幻灯片。

图 10-12　为课件内容设置分组放映

案例文件 \ 第 10 章 \ 为课件内容设置分组放映　原始文件 .pptx
案例文件 \ 第 10 章 \ 为课件内容设置分组放映　结果文件 .pptx
视频教程 \ 第 10 章 \ 为课件内容设置分组放映 .mp4

操作步骤如下：

（1）在功能区的"幻灯片放映"选项卡中单击"自定义幻灯片放映"按钮，然后在弹出的快捷菜单中选择"自定义放映"命令，如图 10-13 所示。

（2）打开"自定义放映"对话框，单击"新建"按钮，如图 10-14 所示。

图 10-13 选择"自定义放映"命令

图 10-14 单击"新建"按钮

（3）打开"定义自定义放映"对话框，在"幻灯片放映名称"文本框中输入第一组的名称，例如"第一课"，如图 10-15 所示。

图 10-15 输入组的名称

（4）在左侧的列表框中选择要划分到第一组中的幻灯片，此处是编号为 1～4 的 4 张幻灯片。然后单击"添加"按钮，将选中的幻灯片添加到右侧的列表框中，如图 10-16 所示。

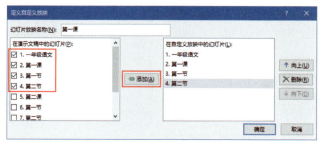
图 10-16 将幻灯片添加到第一组

> **提 示**
> 如果左侧列表框中的幻灯片编号带有括号，则该幻灯片已被设置为隐藏状态。

图 10-17 创建第一个组

（5）单击"确定"按钮，返回"自定义放映"对话框，将显示创建好的第一组的名称，如图 10-17 所示。以后既可以单击"编辑"按钮修改组的名称及其中包含的幻灯片，也可以单击"删除"按钮将组删除。

（6）使用与步骤2—步骤4类似的方法再创建两个组，组名分别为"第二课"和"第三课"。将左侧列表框中编号为1、5～7的幻灯片添加到第二组，将编号为1、8～10的幻灯片添加到第三组，如图10-18所示。

图10-18 创建第二组和第三组

（7）创建完成后单击"关闭"按钮，关闭"自定义放映"对话框。

以后可以在放映课件时只放映特定组中的幻灯片，有以下两种方法：

- 在功能区的"幻灯片放映"选项卡中单击"自定义幻灯片放映"按钮，然后在弹出的快捷菜单中选择要放映的组，如图10-19所示。
- 在课件的放映状态下右击屏幕，然后在弹出的快捷菜单中选择"自定义放映"命令，再在弹出的子菜单中选择要放映的组，如图10-20所示。

图10-19 选择要放映的组

图10-20 在放映过程中选择要放映的组

10.1.5 为内容添加标记和注释

如需在放映课件时对重点内容进行标记和注释，可以单击屏幕左下角的 按钮，在弹出的快捷菜单中选择所需使用的笔形和颜色，然后在幻灯片上进行书写和绘画，如图10-21所示。

图 10-21　选择所需使用的笔形和颜色并对内容进行标记和注释

如需删除为内容添加的标记和注释,可以在图 10-21 所示的菜单中选择"橡皮擦"命令,然后单击要删除的标记和注释,可将其删除。如需删除幻灯片中的所有标记和注释,可以选择"擦除幻灯片上的所有墨迹"命令。

> **提 示**
>
> 右击屏幕,在弹出的快捷菜单中选择"指针选项"命令,然后在子菜单中也可以找到笔形、颜色和橡皮擦等选项。

如果在放映过程中添加了标记和注释,则在退出放映时会显示如图 10-22 所示的对话框,单击"保留"按钮会将标记和注释保存在课件中,单击"放弃"按钮则不保存标记和注释。

图 10-22　是否保留标记和注释

10.1.6　使用黑屏或白屏

放映课件时,学生的注意力很容易被课件中丰富的内容所吸引。如需将学生的注意力快速集中到老师身上时,可以在放映时将屏幕中的画面转为黑色或白色,有以下两种方法:

- 右击屏幕,在弹出的快捷菜单中选择"屏幕"|"黑屏"或"白屏"命令,如图 10-23 所示。
- 按 B 键转为黑屏,按 W 键转为白屏,再次按 B 键或 W 键,将返回黑屏或白屏之前的画面。

图 10-23　选择"黑屏"或"白屏"命令

10.2 发布课件

PowerPoint 允许用户将课件发布为多种格式，包括自动放映格式、视频格式、图片格式等，为课件的放映提供了多种环境。本节将介绍将课件发布为不同格式的方法。

10.2.1 打包课件

如果课件中包含音频、视频等类型的对象，并且这些对象是以链接的形式添加到课件中的，那么当需要在其他计算机中放映课件时，就必须将课件中包含的这些外部资源随同课件一起复制到目标计算机中，否则可能会导致在放映课件时无法正常播放这些外部资源。

使用 PowerPoint 中的"打包"功能，可以自动将课件及其中包含的音频、视频等资源汇总到一个文件夹中，便于用户将它们复制到其他计算机中并确保能够正常播放。打包课件的操作步骤如下：

（1）在 PowerPoint 中打开要打包的课件，然后单击"文件"|"导出"命令，在进入的界面中双击"将演示文稿打包成 CD"命令，如图 10-24 所示。

（2）打开"打包成 CD"对话框，单击"复制到文件夹"按钮，如图 10-25 所示。

（3）打开"复制到文件夹"对话框，在"文件夹名称"文本框中输入打包后的文件夹名称，然后单击"浏览"按钮选择打包后的文件夹的存储位置，如图 10-26 所示。

图 10-24　双击"将演示文稿打包成 CD"命令

图 10-25　单击"复制到文件夹"按钮

图 10-26　设置打包后的文件夹的名称和存储位置

（4）单击"确定"按钮，将显示图 10-27 所示的提示信息，单击"是"按钮，开始打包课件，最后单击"关闭"按钮。

在"打包成 CD"对话框中还可以执行以下操作：
- 单击"添加"按钮，可以将其他课件添加到当前打包环境中，以便将多个课件一起打包。
- 单击"删除"按钮，可以将已经添加到打包环境中的课件删除。

图 10-27　单击"是"按钮开始打包课件

- 单击"选项"按钮,在打开的对话框中可以设置与打包相关的一些选项,如图 10-28 所示。如果音频和视频是以链接的形式插入到课件中,则必须勾选"链接的文件"复选框。

图 10-28　设置打包选项

10.2.2　将课件转换为放映格式

如果已完成课件的所有制作,为了便于课件的放映,可以将课件转换为放映格式(扩展名为 .ppsx)。以后只要双击该格式的课件文件,就可直接开始放映课件,而不会打开 PowerPoint 编辑窗口。

如需将课件转换为放映格式,可以单击"文件"|"导出"|"更改文件类型"命令,然后双击"PowerPoint 放映"命令,如图 10-29 所示。

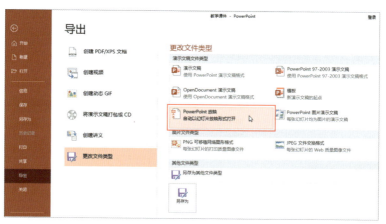

图 10-29　双击"PowerPoint 放映"命令

打开"另存为"对话框,"保存类型"被自动设置为"PowerPoint 放映"。在"文件名"文本框中输入所需的名称,然后单击"保存"按钮,可为课件创建放映格式的版本,如图 10-30 所示。

> **技巧** 以后如需修改放映格式的课件内容，可以打开该文件所在的文件夹，然后按住 Shift 键，再右击该文件，在弹出的快捷菜单中选择"编辑"命令，在 PowerPoint 中打开该文件并对其进行编辑，如图 10-31 所示。

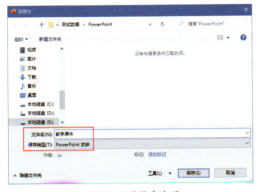

图 10-30　设置保存选项

图 10-31　按住 Shift 键时在鼠标快捷菜单中将包含"编辑"命令

10.2.3　将课件转换为视频

无论计算机的用途是什么，都会安装至少一种视频播放器。即使不特意去安装视频播放器，操作系统也有其内置的视频播放器。这意味着在计算机中视频文件比 PowerPoint 文件更容易播放。在 PowerPoint 中可以将课件转换为 .wmv 或 .mp4 视频格式，并可以控制视频的大小和质量。将课件转换为视频之前需要了解以下几点：

- 幻灯片切换动画和对象动画可以在转换后的视频中正常播放。
- 幻灯片中嵌入的视频可以在转换后的视频中正常播放。
- 录制的语音旁白和激光笔运动轨迹可以在转换后的视频中正常播放。
- 创建视频所需的时间长短由课件的文件容量和复杂程度决定，课件中包含的图片、音频、视频和动画越多，创建视频所需的时间就越长。
- 以下几类内容可能无法在转换后的视频中正常播放，在 PowerPoint 早期版本中插入的媒体、QuickTime 媒体、宏以及 OLE/ActiveX 控件。

如需将课件转换为视频，可以单击"文件"|"导出"命令，然后选择"创建视频"命令，将显示如图 10-32 所示的界面。

界面右侧有两个下拉列表和一个文本框。在第一个下拉列表中包含以下几项，用于控制转换后的视频的画面质量，如图 10-33 所示。

- 超高清：创建画面质量超高的视频，视频文件的容量很大。
- 全高清：创建画面质量较高的视频，视频文件的容量较大。
- 高清：创建中等画面质量的视频，视频文件的容量中等。
- 标准：创建低画面质量的视频，视频文件的容量较小。

图 10-32　创建视频时的界面

图 10-33　设置视频的画面质量

在第二个下拉列表中选择在转换后的视频中是否包含已录制的旁白、计时、注释等内容，如图 10-34 所示。

- 不要使用录制的计时和旁白：不将录制的旁白、计时和注释添加到转换后的视频中，每张幻灯片的播放时长使用"放映每张幻灯片的秒数"选项中的设置。
- 使用录制的计时和旁白：将录制的旁白、计时和注释添加到转换后的视频中。

图 10-34　设置在转换后的视频中是否包含旁白和计时等内容

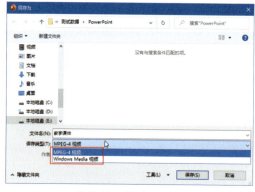

图 10-35　选择视频类型

如果在第二个下拉列表中选择"不要使用录制的计时和旁白"选项，则需要在"放映每张幻灯片的秒数"文本框输入一个时间，该时间是每张幻灯片的播放时长。

完成以上几项设置后，单击"创建视频"按钮，打开"另存为"对话框，选择视频文件的存储位置，在"文件名"文本框中输入视频文件的名称，然后在"保存类型"下拉列表中选择视频的格式，如图 10-35 所示。最后单击"保存"按钮，将当前课件转换为视频。

10.2.4 将课件转换为图片形式的课件

为了防止别人修改课件内容,用户可以将课件每一页中的内容转换为图片。转换后,每张幻灯片中的内容都是一张图片,无法再进行编辑,就像在每张幻灯片中插入了一张图片。

如需将课件转换为图片形式的课件,可以单击"文件"|"导出"命令,然后选择"更改文件类型"命令,在图 10-36 所示的界面中双击"PowerPoint 图片演示文稿"选项,再在打开的对话框中设置文件名称和存储位置,最后单击"保存"按钮。

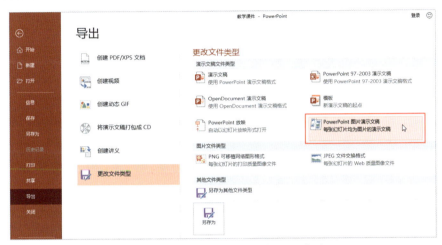

图 10-36 双击"PowerPoint 图片演示文稿"选项

提示

用户也可以直接在"另存为"对话框的"保存类型"下拉列表中选择"PowerPoint 图片演示文稿"选项。

打开转换后的课件,每张幻灯片中的内容都变成图片,单击即可在图片四周显示 8 个控制点,此时无法修改图片中的内容,对课件内容起到了保护作用,如图 10-37 所示。

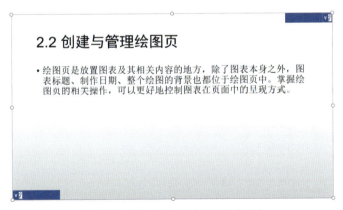

图 10-37 将幻灯片中的内容转换为图片

10.2.5 将课件中的每一页转换为图片文件

如需将课件中的每一页转换为真正的图片,以便在图片浏览器中查看时,可以按 F12 键,打开"另存为"对话框,在"保存类型"下拉列表中选择一种图片类型,如图 10-38 所示。然后设置文件名称和存储位置,最后单击"保存"按钮。

图 10-38 选择图片文件类型

弹出如图 10-39 所示的对话框,单击"所有幻灯片"按钮,将课件中的所有幻灯片都转换为图片;单击"仅当前幻灯片"按钮,则只将当前幻灯片转换为图片。转换完成后,显示如图 10-40 所示的提示信息,单击"确定"按钮即可。

图 10-39 选择要转换的幻灯片范围

图 10-40 转换完成时的提示信息

转换后会自动在选择存储的位置创建一个文件夹,其中的每一张图片对应课件中的每一张幻灯片,如图 10-41 所示。

图 10-41 将课件中的幻灯片转换为图片

第 11 章
PowerPoint 在多媒体课件中的实际应用

　　本书前 10 章介绍了使用 PowerPoint 制作课件所需了解和掌握的相关功能、技术和操作方法，本章将介绍在课件中如何使用这些功能和技术制作出令人满意的课件。本章通过"直线与圆的位置关系"数学课件，介绍为该课件设计不同类型的页面，以及每一种页面的多种设计方案。本章内容分为 4 个部分，每个部分对应一种幻灯片页面类型，各个部分的页面共同构成了一个完整课件的设计案例。

　　本章虽以"直线与圆的位置关系"数学课件为例，但是读者可以将其中的设计思路和方法运用到自己的课件中，制作出风格多变、适应性强的课件。与其千篇一律地介绍多个课件的制作方法，不如深入挖掘和剖析一个课件，将一个课件的多种设计方式完全细化，充分展示一个课件在各个方面的设计方法和细节，这样更有利于读者将其中的设计思路和设计方法灵活应用到自己制作的课件中，达到举一反三的效果。

11.1 制作课件的封面页

本节将为"直线与圆的位置关系"课件制作封面页，包括纯文字式封面页和图文混合式封面页两种设计方案。此外，还将介绍制作片头倒计时动画的方法。

11.1.1 制作纯文字式封面页

> 案例文件 \ 第 11 章 \ 纯文字式封面页 .pptx
> 视频教程 \ 第 11 章 \ 制作纯文字式封面页 .mp4

只包含文字的封面页是封面页中最简单的一种形式，只需将课件标题放置到页面中的适当位置即可，如图 11-1 所示。

图 11-1　只显示课件标题

如需在封面上注明课件的制作者，要注意调整课件标题和制作者之间的文字大小，做到重点突出，如图 11-2 所示。

图 11-2　同时显示课件标题和制作者

黑色文字配上白色背景的封面页可能显得比较单调，可以为封面页设置一个背景，如图 11-3 所示。

图 11-3　为封面页设置背景

为了使封面页更加生动活泼，可以在页面中添加一些形状，通过调整形状的填充色、大小和位置，使页面风格富于变化，如图 11-4 所示。

图 11-4　利用形状使封面页富于变化

11.1.2 制作图文混合式封面页

如果在封面页中加入图片，会使封面页图文并茂，但是需要注意文字和图片的位置和大小。

图 11-5 所示是为"直线与圆的位置关系"课件设计的图文混合式封面页，其中使用了一副带有三角板、半圆仪和铅笔的图片，这 3 种绘图工具与"直线与圆"相贴合。

图 11-5　图文混合式封面页

案例文件 \ 第 11 章 \ 封面图片 .jpg
案例文件 \ 第 11 章 \ 图文混合式封面页 .pptx
视频教程 \ 第 11 章 \ 制作图文混合式封面页 .mp4

制作该封面页的操作步骤如下：

（1）在封面页中插入所需的图片，然后调整其大小，并将图片的右边缘与页面右边缘对齐，如图 11-6 所示。

（2）在封面页中插入一个矩形，调整矩形的大小，使其填满页面左侧的空白区域，如图 11-7 所示。

图 11-6　在封面页中插入图片

图 11-7　插入一个矩形并使其填满页面左侧的空白区域

> **提示**
>
> 用户也可以不使用形状，而是插入一个竖排文本框，然后在其中输入文字并设置文字和文本框的格式。

（3）单击矩形，在功能区的"绘图工具|格式"选项卡中单击"形状轮廓"按钮，然后在打开的列表中选择"无轮廓"命令，删除矩形的边框，如图 11-8 所示。

（4）单击矩形，在功能区的"绘图工具|格式"选项卡中单击"形状填充"按钮，然后在打开的列表中选择"取色器"命令，如图 11-9 所示。

（5）鼠标指针变为吸管形状，并在吸管附近显示一个色块，它指示当前吸管位置处的颜色。将鼠标指针移动到图 11-10 所示的位置并单击，将该位置处的颜色设置为第 2 步插入的矩形的填充色。

图 11-8 选择"无轮廓"命令

图 11-9 选择"取色器"命令

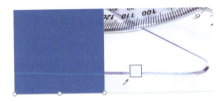
图 11-10 使用吸管获取颜色

（6）右击页面左侧的矩形，在弹出的快捷菜单中选择"编辑文字"命令，如图 11-11 所示。

（7）在矩形中输入"直线与圆的位置关系"文字，然后将矩形中的文字的字体设置为"楷体"，将字号设置为"60"，如图 11-12 所示。

图 11-11 选择"编辑文字"命令

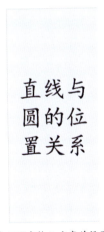
图 11-12 在矩形中输入文字并设置字体格式

（8）单击矩形，在功能区的"开始"选项卡中单击"文字方向"按钮，然后在弹出的快捷菜单中选择"竖排"命令，将矩形中的文字纵向排列，如图 11-13 所示。

（9）在矩形内部单击"置"和"关"两个字之间，然后按 Enter 键，将"关"字转入下一段，如图 11-14 所示。至此完成了封面页的制作。

图 11-13　选择"竖排"命令

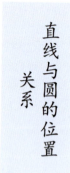
图 11-14　调整文字的位置

11.1.3　在封面页中设计倒计时动画

开始放映课件之前，可以设计一个倒计时动画，这样可以将学生的注意力吸引到屏幕上，为即将开始的教学做好准备。

本案例要制作一个5秒倒计时的动画效果，当倒计时显示为0时，开始播放课件的封面页。本案例使用文本框制作倒计时过程中的几个数字，并为这些数字设置动画效果。倒计时效果主要通过 PowerPoint 中的"退出"类动画实现，将倒计时涉及的所有数字从大到小按照从上到下的顺序依次叠放在一起，最开始只显示最上面的数字，即最大的数字。经过1秒后，将该数字隐藏起来，并显示下一个数字，以此类推，可在视觉上实现倒计时效果。

案例文件 \ 第 11 章 \ 在封面页中设计倒计时动画.pptx
视频教程 \ 第 11 章 \ 在封面页中设计倒计时动画.mp4

制作倒计时动画的操作步骤如下：

（1）在封面页之前添加一张"空白"版式的幻灯片，然后在该幻灯片中插入一个横排文本框，并在其中输入"00"，如图 11-15 所示。

（2）右击文本框的边框，在弹出的快捷菜单中选择"设置形状格式"命令，打开"设置形状格式"窗格，按照图 11-16 进行设置，让文本框随文字自动缩放。

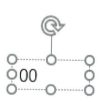
图 11-15　插入一个文本框并输入"00"

图 11-16　设置文本框随文字自动缩放

> **提示**
>
> 先从最小的数字 00 开始输入，而不是最大的数字 05，是因为最后要将数字 05 显示在最上面。在幻灯片中后添加的文本框会自动位于前一个文本框的上一层，因此要先添加位于最底层的数字，最后添加位于最顶层的数字，这样可以简化调整各个数字叠放层次的工作。

（3）关闭"设置形状格式"窗格，然后单击文本框的边框将其选中，将其中的数字的字体设置为"Arial Black"，将字号设置为"96"，如图 11-17 所示。

（4）在功能区的"绘图工具|格式"选项卡中打开艺术字样式库，从中选择一种艺术字样式，例如"渐变填充，蓝色，主题色 5，映像"，如图 11-18 所示。

（5）由于本案例倒计时效果共需要 6 个数字，即 00、01、02、03、04、05，所有数字具有相同的大小和外观，因此，可以直接复制已经制作好的数字 00。单击数字 00 所在的文本框边框，按住 Ctrl 键的同时使用光标向任意方向拖动文本框的边框，复制出一个完全相同的数字 00。使用相同的方法再复制出 4 个文本框，将复制出的 5 个文本框中的数字依次改为 01、02、03、04、05，如图 11-19 所示。

图 11-17 设置数字的字体和字号

图 11-18 为数字设置艺术字样式

图 11-19 复制数字

（6）单击数字 05 所在的文本框的内部，然后在功能区的"动画"选项卡中打开对象动画库，从中选择"退出"类别中的"消失"动画，如图 11-20 所示。

图 11-20 选择"退出"类别中的"消失"动画

（7）单击数字 05 左侧的动画编号，选中第 6 步设置的"消失"动画，然后在功能区的"动画"选项卡中进行以下两项设置，如图 11-21 所示。
- 将"开始"设置为"与上一动画同时"。
- 将"延迟"设置为"1"秒。

图 11-21　设置数字 05 的动画选项

（8）设置数字 04 的动画效果。由于数字 04 是在数字 05 显示 1 秒并消失之后才显示出来，并且再经过 1 秒之后数字 04 也要消失，因此，需要为数字 04 设置两个动画，一个是显示数字 04 的动画，一个是隐藏数字 04 的动画。单击数字 04 所在的文本框的内部，然后在功能区的"动画"选项卡中单击"添加动画"按钮，在打开的列表中选择"进入"类别中的"出现"动画，如图 11-22 所示。

图 11-22　选择"进入"类别中的"出现"动画

（9）在功能区的"动画"选项卡中为第 8 步设置的动画设置以下两项，如图 11-23 所示。
- 将"开始"设置为"上一动画之后"。
- 将"延迟"设置为"0"秒。

（10）在功能区的"动画"选项卡中单击"添加动画"按钮，在打开的列表中选择"退出"类别中的"消失"动画，为数字 04 添加第二个动画，然后在功能区的"动画"选项卡中为"消失"动画设置以下两项，如图 11-24 所示。
- 将"开始"设置为"上一动画之后"。
- 将"延迟"设置为"1"秒。

图 11-23　设置数字 04 第一个动画的选项　　图 11-24　设置数字 04 第二个动画的选项

（11）其他几个数字的动画的设置方法与数字 04 完全相同，设置完成后的数字和动画窗格如图 11-25 所示，单击动画窗格顶部的"全部播放"按钮，可以预览倒计时动画的播放效果。

（12）在动画窗格中按 Ctrl+A 快捷键，选中所有动画，然后右击其中的任意一项，在弹出的快捷菜单中选择"效果选项"命令，如图 11-26 所示。

（13）打开"效果选项"对话框，在"效果"选项卡的"声音"下拉列表中选择"捶打"，如图 11-27 所示，即为所有数字的倒计时动画添加该音效。

图 11-25　完成所有动画设置后的数字和动画窗格

图 11-26　选择"效果选项"命令

图 11-27　为所有数字的倒计时动画添加音效

（14）在 6 个数字所在的幻灯片中按 Ctrl+A 快捷键，同时选中这 6 个数字，然后在功能区的"绘图工具 | 格式"选项卡中单击"对齐"按钮，在弹出的快捷菜单中选择"对齐幻灯片"命令，如图 11-28 所示。

（15）再次打开第 12 步中的菜单，然后分别选择"水平居中"和"垂直居中"两个命令，将所有数字在幻灯片的正中间对齐，如图 11-29 所示。

图 11-28　将数字以幻灯片为对齐基准

图 11-29　将所有数字重叠在一起

（16）选择倒计时数字所在的幻灯片，然后在功能区的"切换"选项卡中勾选"设置自动换片时间"复选框,并将右侧的时间设置为 5 秒,如图 11-30 所示。这样就会在 5 秒倒计时结束时自动显示下一张幻灯片,即封面页。

图 11-30　设置倒计时结束时自动切换到下一张幻灯片

11.2　制作课件的导航页

本节将为"直线与圆的位置关系"课件制作导航页,包括文字目录式导航页、图片目录式导航页、弹出菜单式导航页 3 种设计方案。

11.2.1　制作文字目录式导航页

案例文件 \ 第 11 章 \ 文字目录式导航页 .pptx
视频教程 \ 第 11 章 \ 制作文字目录式导航页 .mp4

与纯文字式封面页类似,只包含文字的导航页是导航页中最简单的一种形式,如图 11-31 所示。

图 11-31　最简单的导航页

通过调整文字的大小、颜色和位置,可以显著改变导航页的外观,使导航页看起来更吸引人,如图 11-32 所示。

图 11-32　通过调整文字的大小和位置改变导航页的外观

如果在导航页中添加一些线条和形状，会赋予导航页无穷的变化，使其更加美观，如图 11-33 所示。

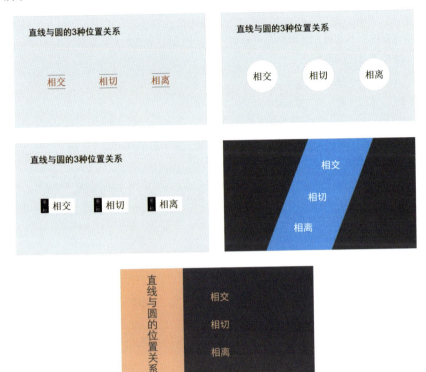

图 11-33　通过形状和线条赋予导航页无穷的变化

11.2.2　制作图片目录式导航页

案例文件 \ 第 11 章 \ 图片目录式导航页 .pptx
视频教程 \ 第 11 章 \ 制作图片目录式导航页 .mp4

如果在导航页中加入图片，可以通过文字与图片的组合，实现图文并茂的效果。如图 11-34 所示，在导航页中使用的图片就是直线与圆的 3 种位置的几何图形的缩小版，这样不但起到了图片的效果，还可以与目录标题的含义相吻合。

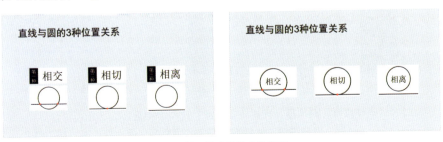

图 11-34　图片目录式导航页

11.2.3 制作弹出菜单式导航页

本案例假设共有 5 张幻灯片，第 1 张是封面页，第 2 张是导航页，最后 3 张是内容页，现在要在导航页中制作一个弹出菜单。在导航页中默认只显示一个名为"导航"的按钮，单击该按钮将弹出一个菜单，其中包含"相交""相切"和"相离"3 个命令，选择不同的命令，将会自动跳转到对应的内容页。

案例文件 \ 第 11 章 \ 弹出菜单式导航页 .pptx
视频教程 \ 第 11 章 \ 制作弹出菜单式导航页 .mp4

制作弹出式菜单的操作步骤如下：

（1）选择导航页所在的幻灯片，插入一个矩形，然后右击该矩形，在弹出的快捷菜单中选择"编辑文字"命令。

（2）在矩形中输入"导航"文字，然后将矩形中的文字的字体设置为"楷体"，将字号设置为"36"，如图 11-35 所示。

（3）复制导航页所在的幻灯片，得到导航页的一个副本，如图 11-36 所示。

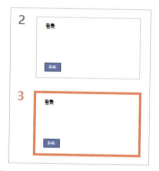

图 11-35　在矩形中输入文字并设置字体格式　　图 11-36　复制导航页得到一个副本

（4）在该副本中单击"导航"文字所在的矩形的边框，选中该矩形。然后按住 Shift 键和 Ctrl 键，使用光标向上拖动矩形，在垂直方向上复制出 3 个相同的矩形，并使 4 个矩形依次贴合在一起，如图 11-37 所示。

（5）将复制出的 3 个矩形中的文字分别修改为"相交""相切"和"相离"，如图 11-38 所示。

（6）选择导航页所在的幻灯片，在其中单击包含"导航"文字的矩形，然后在功能区的"插入"选项卡中单击"动作"按钮，如图 11-39 所示。

图 11-37　复制出 3 个相同的矩形　　图 11-38　修改矩形中的文字　　图 11-39　单击"动作"按钮

（7）打开"操作设置"对话框，在"单击鼠标"选项卡中进行以下几项设置。

- 选中"超链接到"单选按钮，然后在其下方的下拉列表中选择"下一张幻灯片"选项，如图 11-40 所示。

- 勾选"播放声音"复选框，然后在其下方的下拉列表中选择"单击"选项。
- 勾选"单击时突出显示"复选框，如图 11-41 所示。

图 11-40 选择包含 3 个矩形的幻灯片　　图 11-41 设置音效和单击时的效果

（8）选择导航页副本所在的幻灯片，然后单击包含"相交"文字的矩形，再在功能区的"插入"选项卡中单击"动作"按钮，打开"操作设置"对话框，在"单击鼠标"选项卡中进行以下几项设置，完成后单击"确定"按钮。

- 选中"超链接到"单选按钮，然后在其下方的下拉列表中选择"幻灯片…"，在打开的对话框中选择"4.相交"，如图 11-42 所示。
- 勾选"播放声音"复选框，然后在其下方的下拉列表中选择"单击"选项。
- 勾选"单击时突出显示"复选框。

图 11-42 选择单击"相交"矩形时跳转到的幻灯片

（9）导航页副本幻灯片中的"相切"和"相离"两个矩形的设置方法与"相交"矩形类似，唯一区别是超链接到的幻灯片需要选择对应的内容页，即"5.相切"和"6.相离"，如图 11-43 所示。

图 11-43 "相切"和"相离"两个矩形的动作设置选项

图 11-44 单击"导航"按钮弹出包含 3 个命令的菜单

（10）完成所有设置后，按 F5 键从头开始放映课件，当放映到导航页时，单击其中的"导航"按钮，将弹出如图 11-44 所示的菜单，选择"相交""相切"或"相离"命令，可跳转到对应的内容页。

> **提 示**
>
> 为了便于导航，可以在每个内容页中添加一个"返回"按钮，将每个"返回"按钮超链接到导航页所在的幻灯片，这样可以随时从任意一个内容页跳转到导航页，以便再次从导航页的弹出菜单中选择要显示的内容页。

11.3 制作课件的内容页

本节将为"直线与圆的位置关系"课件制作内容页，包括纯文字式内容页、图文混合式内容页、动画演示式内容页 3 种设计方案。

11.3.1 制作纯文字式内容页

案例文件 \ 第 11 章 \ 纯文字式内容页 .pptx
视频教程 \ 第 11 章 \ 制作纯文字式内容页 .mp4

只包含文字的内容页是内容页中最简单的一种形式，只需将课件内容放置到页面中的适当位置即可，如图 11-45 所示。

图 11-45 只有文字的内容页

> **提示**
> 如果对内容页中的文字有特定的排版布局要求,并且需要制作大量同类型的页面,则可以先为其设计版式,然后再创建幻灯片并输入内容,这样可以显著提高工作效率。

11.3.2 制作图文混合式内容页

案例文件 \ 第 11 章 \ 图文混合式内容页 .pptx
视频教程 \ 第 11 章 \ 制作图文混合式内容页 .mp4

如果在内容页中加入相应的图片,可以使教学效果得到较大提升,毕竟图文并茂的内容更易于学生理解,如图 11-46 所示。

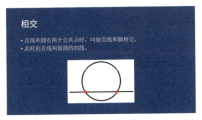
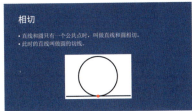

图 11-46 图文并茂的内容页

如果觉得图片的白色背景与幻灯片的蓝色背景格格不入,可以将幻灯片的背景设置为白色,这样可以使图片更好地融入幻灯片,如图 11-47 所示。

图 11-47 使图片更好地融入幻灯片

如果觉得白色背景过于单调，但是又想让图片与页面更好地融合在一起，则可以使用如图 11-48 所示的方法，为页面中的文字部分添加背景，而图片部分的页面保持白色。

图 11-48 保持图片与页面融合的同时更加美观

11.3.3 制作动画演示式内容页

为了使教学内容易于学生理解，可以为一些内容设置动画效果。本案例"直线与圆的位置关系"课件中的内容就很适合设置动画效果，以便生动演示直线与圆的相交、相切和相离3种位置关系。

下面以制作直线与圆的"相交"动画为例，该动画有以下几个关键点：
- 使用动画绘制一个圆形。
- 使用动画绘制一条直线。
- 使用动画对直线与圆相交的两个点进行闪烁提示，从而明确指出两个交点的位置。

案例文件 \ 第 11 章 \ 动画演示式内容页 .pptx
视频教程 \ 第 11 章 \ 制作动画演示式内容页 .mp4

制作直线与圆的"相交"动画的操作步骤如下：
（1）在内容页上绘制一个圆形，然后单击该圆形，在功能区的"动画"选项卡中的对象动画库中选择"进入"类别中的"轮子"动画，如图 11-49 所示。

图 11-49 选择"进入"类别中的"轮子"动画

（2）在内容页上绘制一条直线，使其贯穿圆形的下半部分，如图 11-50 所示。

(3) 单击第 2 步绘制的直线,然后在功能区的"动画"选项卡中打开对象动画库,从中选择"更多进入效果"命令,如图 11-51 所示。

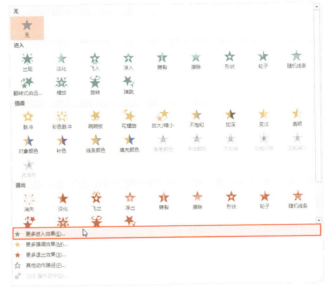

图 11-50 绘制贯穿圆形的直线　　　　图 11-51 选择"更多进入效果"命令

(4) 打开"更改进入效果"对话框,选择"伸展"动画,然后单击"确定"按钮,如图 11-52 所示。

(5) 在功能区的"动画"选项卡中单击"效果选项"按钮,然后在弹出的快捷菜单中选择"自左侧"命令,如图 11-53 所示。这样动画将从左侧到右侧模拟绘制直线的效果。

图 11-52 选择"伸展"动画　　　　图 11-53 选择"自左侧"命令

(6) 在内容页上绘制两个圆形,将它们的填充色设置为红色,然后将它们放置到直线与圆的两个交点上,如图 11-54 所示。

(7) 同时选择两个红色圆形,在功能区的"动画"选项卡中的对象动画库中选择"进入"类别中的"出现"动画,如图 11-55 所示。

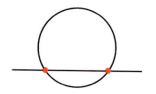

图 11-54　绘制直线与圆的两个交点

图 11-55　选择"进入"类别中的"出现"动画

（8）保持两个红色圆形的选中状态，在功能区的"动画"选项卡中单击"添加动画"按钮，然后在打开的列表中选择"强调"类别中的"彩色脉冲"动画，如图 11-56 所示。这样将使两个交点处的红色圆形闪烁显示。

（9）为了使两个交点处的红色圆形反复多次闪烁，并且在它们显示后自动开始闪烁，需要修改动画选项。在功能区的"动画"选项卡中单击"动画窗格"按钮，如图 11-57 所示。

图 11-56　选择"强调"类别中的"彩色脉冲"动画

图 11-57　单击"动画窗格"按钮

（10）打开动画窗格，同时选择其中的两个强调动画，然后右击其中之一，在弹出的快捷菜单中选择"计时"命令，如图 11-58 所示。

（11）打开如图 11-59 所示的对话框，在"计时"选项卡中设置以下几项。

- 将"开始"设置为"与上一动画同时"。
- 将"延迟"设置为"0"。
- 将"期间"设置为"快速（1秒）"。
- 将"重复"设置为"5"。

图 11-58 选择"计时"命令

图 11-59 设置动画选项

（12）设置完成后单击"确定"按钮，按 F5 键放映内容页，此时默认显示文字内容。单击将自动绘制一个圆形。再次单击，自动绘制一条贯穿圆形的直线。第三次单击，自动使用两个红色圆点标记直线与圆相交的两个交点，并自动闪烁 5 次。

11.4 制作课件的结束页

本节将为"直线与圆的位置关系"课件制作结束页，包括静态文字式结束页和滚动字幕式结束页两种设计方案。

11.4.1 制作静态文字式结束页

案例文件 \ 第 11 章 \ 静态文字式结束页 .pptx
视频教程 \ 第 11 章 \ 制作静态文字式结束页 .mp4

与前面介绍的 3 种页面相比，结束页的制作比较简单。如图 11-60 所示是结束页最简单的一种形式，页面上只有简单的文字，告诉学生课件已经放映完成。

或者可以像本书第 8 章介绍的那样，组合使用线条和形状，为结束页增加一些趣味感，如图 11-61 所示。

图 11-60 静态文字式结束页

图 11-61 组合使用线条和形状为结束页增加趣味感

11.4.2 制作滚动字幕式结束页

如果希望让结束页充满乐趣，或者要在结束页中显示较多内容，则可以制作一个滚动字幕形式的结束页。假设本案例要在结束页中依次显示以下 5 行文字：

- 本次课程结束啦
- 感谢观看
- 制作者：×××
- 同学们要多加练习
- 有问题随时问老师

案例文件 \ 第 11 章 \ 滚动字幕式结束页 .pptx
视频教程 \ 第 11 章 \ 制作滚动字幕式结束页 .mp4

制作滚动字幕式结束页的操作步骤如下：

图 11-62 在结束页中输入所需的文字

（1）在结束页中使用占位符或文本框输入要显示的 5 行文字，然后调整文字的大小和位置，如图 11-62 所示。

（2）单击结束页中的文字所在的占位符或文本框，然后在功能区的"动画"选项卡中打开对象动画库，在打开的列表中选择"更多进入效果"命令，如图 11-51 所示。

（3）打开"更改进入效果"对话框，选择"字幕式"动画，然后单击"确定"按钮，如图 11-63 所示。

（4）打开动画窗格，右击其中的动画，然后在弹出的快捷菜单中选择"计时"命令，如图 11-64 所示。

图 11-63 选择"字幕式"动画

图 11-64 选择"计时"命令

（5）打开如图 11-65 所示的对话框，在"计时"选项卡中设置以下几项。

- 将"开始"设置为"上一动画之后"。
- 将"延迟"设置为"0"。

- 将"期间"设置为"20秒（非常慢）"。
- 将"重复"设置为"直到下一次单击"。

图 11-65　设置动画选项

（6）设置完成后单击"确定"按钮，按 F5 键放映结束页，每行文字将从屏幕底部慢慢向上滚动显示。只要不单击，所有文字就会循环滚动显示。

附录　PowerPoint 快捷键

本部分列出了 PowerPoint 中可以使用的快捷键，不止一个按键时，各按键之间以 + 号相连。

操作演示文稿和幻灯片

快　捷　键	功　　能
F1	显示帮助
Ctrl+F1	隐藏或显示功能区
Alt+F4	退出 PowerPoint 程序
Esc	关闭当前打开的对话框
Ctrl+N	新建演示文稿
Ctrl+O 或 Ctrl+F12 或 Ctrl+Alt+F2	打开演示文稿
Ctrl+S 或 Shift+F12 或 Alt+Shift+F2	保存演示文稿
F12	另存演示文稿
Ctrl+W	关闭演示文稿
Ctrl+P 或 Ctrl+Shift+F12	打印演示文稿
Ctrl+M 或 Ctrl+Shift+M	新建幻灯片
Ctrl+Shift+D	复制幻灯片

定位光标位置

快　捷　键	功　　能
向左键	左移一个字符
向右键	右移一个字符
向上键	上移一行
向下键	下移一行
Ctrl+ 向左键	左移一个单词
Ctrl+ 向右键	右移一个单词
Ctrl+ 向上键	上移一段
Ctrl+ 向下键	下移一段

快捷键	功能
End	移至行尾
Home	移至行首
PageUp	上一张幻灯片
PageDown	下一张幻灯片
Ctrl+End	移至占位符内的结尾或演示文稿中的最后一张幻灯片
Ctrl+Home	移至占位符内的开头或演示文稿中的第一张幻灯片

选择文本

快捷键	功能
Shift+向右键	将所选内容向右扩展一个字符
Shift+向左键	将所选内容向左扩展一个字符
Shift+向下键	将所选内容向下扩展一行
Shift+向上键	将所选内容向上扩展一行
Ctrl+Shift+向右键	将所选内容扩展到字词的末尾
Ctrl+Shift+向左键	将所选内容扩展到字词的开头
Ctrl+Shift+向下键	将所选内容扩展到段落的末尾
Ctrl+Shift+向上键	将所选内容扩展到段落的开头
Shift+End	将所选内容扩展到一行的末尾
Shift+Home	将所选内容扩展到一行的开头
Ctrl+Shift+Home	将所选内容扩展到段落的开头
Ctrl+Shift+End	将所选内容扩展到段落的末尾
Ctrl+A	选择占位符内的所有内容或选择所有幻灯片

编辑文本

快捷键	功能
Ctrl+C	复制所选内容
Ctrl+X	剪切所选内容
Ctrl+V	粘贴内容
Ctrl+Alt+V	选择性粘贴

续表

快 捷 键	功 能
Ctrl+Shift+C	只复制格式
Ctrl+Shift+V	只粘贴格式
BackSpace	删除光标左侧的一个字符
Ctrl+BackSpace	删除光标左侧的一个单词
Delete	删除光标右侧的一个字符
Ctrl+Delete	删除光标右侧的一个单词
Ctrl+F	打开"查找"对话框
Ctrl+H	打开"替换"对话框
Ctrl+K	插入超链接
Ctrl+Z	撤销上一步操作
Ctrl+Y	恢复或重复上一步操作
F4	重复上一步操作
F7	拼写检查
Shift+F7	打开同义词库

设置字体格式

快 捷 键	功 能
Ctrl+Shift+>	增大字号
Ctrl+Shift+<	减小字号
Ctrl+]	逐磅增大字号
Ctrl+[	逐磅减小字号
Ctrl+B	使文字加粗
Ctrl+I	使文字倾斜
Ctrl+U	使文字加下划线
Ctrl+ 等号	应用下标格式
Ctrl+Shift+ 加号	应用上标格式
Ctrl+T	打开"字体"对话框

设置段落格式

快 捷 键	功　　能
Ctrl+L	左对齐
Ctrl+R	右对齐
Ctrl+E	居中对齐
Ctrl+J	两端对齐
Ctrl+Tab	插入制表符
Alt+Shift+向左键	提升段落级别
Alt+Shift+向右键	降低段落级别
Alt+Shift+向上键	上移所选段落
Alt+Shift+向下键	下移所选段落

操作表格

快 捷 键	功　　能
Tab	定位到一行中的下一个单元格（或选择下一个单元格的内容）
Shift+Tab	定位到一行中的上一个单元格（或选择上一个单元格的内容）
Alt+Home	定位到一行中的第一个单元格
Alt+End	定位到一行中的最后一个单元格
Alt+PageUp	定位到一列中的第一个单元格
Alt+PageDown	定位到一列中的最后一个单元格
向上键	定位到上一行
向下键	定位到下一行
Shift+向上键	向上选择一行
Shift+向下键	向下选择一行
Alt+Shift+PageDown	从上到下选择光标所在的列
Alt+Shift+PageUp	从下到上选择光标所在的列
Ctrl+数字键盘上的5	选定整张表格

放映演示文稿

快 捷 键	功 能
F5	从第一张幻灯片开始放映
Shift+F5	从当前幻灯片开始放映
Esc	结束放映
数字+Enter	转到第几张幻灯片
Enter 键、向右键、向下键或空格键	播放下一个动画或切换到下一张幻灯片
P、向左键、向上键或 BackSpace 键	播放上一个动画或切换到上一张幻灯片

其他操作

快 捷 键	功 能
Shift+F9	显示网格线
Alt+F9	显示绘图参考线
Alt+F8	运行宏
Alt+F11	打开代码编辑窗口